IN **30** TAGEN
NÄHER ZU GOTT

Ein Buch für Menschen,
die sich eine intensive Beziehung
zu Gott wünschen.

Wenn Sie dazu gehören, dann laden wir Sie herzlich zu einer Reise

ein, die Ihr Leben verändern wird – eine Reise in ein Leben unter

der Herrschaft von Jesus Christus!

MISSIONSWERK
KARLSRUHE

Überkonfessionelle christliche Kirche und soziale Stiftung

MISSIONSWERK KARLSRUHE

Impressum:

© Missionswerk Karlsruhe
Keßlerstraße 2–12
76185 Karlsruhe

Redaktion: Martin Baron
Lektorat: Siglinde Sarge
Gestaltung: FORMAT WERBEAGENTUR, Ettlingen
Titelbild (sowie S. 6, 16 u. 84): © Reena - Fotolia.com
Bildrechte © Missionswerk Karlsruhe; soweit nicht anders
angegeben.

Sämtliche Bibelstellen sind, soweit nicht anders angegeben,
der Übersetzung "Hoffnung für alle", Biblica,
© Brunnen Verlag, entnommen worden.

4. Auflage 2014
ISBN 978-3-89132-025-9

info@missionswerk.de
www.missionswerk.de

INHALTSVERZEICHNIS

Isolde und Daniel Müller

DU BIST
WERTVOLL
Der Weg zu echter Freude: **Gottes Angebot für Sie**

SA 08.26 / SU 16.18
MA 13.44 / MU 04.37

In 30 Tagen näher zu Gott

7.30
8.00
8.30
9.00
9.30
10.00
10.30

LIEBE LESERIN, LIEBER LESER,

Es ist uns eine große Freude, dass Sie dieses Buch in den Händen halten. Sie werden darin grundlegende Antworten auf die Fragen und Herausforderungen Ihres Lebens finden. Wir sind sicher, dass dies ein großer Segen für Sie sein wird.

Denn „Du bist wertvoll: Der Weg zu echter Freude – Gottes Angebot für Sie!" ist genau das, was der Titel verspricht: Eine kurze, gut verständliche Erklärung der Botschaft des biblischen Evangeliums, der „Guten Nachricht".
Gott richtet sein Angebot an alle Menschen, unabhängig von Alter, Geschlecht, Hautfarbe oder bisherigem Lebensstil.
Wenn Sie erkennen und verstehen, was dieses geniale Angebot Gottes für Sie persönlich bedeutet, dann werden Sie ebenso begeistert sein wie wir – und wie viele Millionen weiterer Christen auf der ganzen Welt. Es ist der Weg zu echter, wahrer und sogar ewiger Freude.

Im vorliegenden Buch machen wir Sie zunächst vertraut mit den wichtigsten Wahrheiten unseres menschlichen Lebens aus der Sicht Gottes, wie sie in der Bibel niedergelegt ist. Dann erläutern wir Ihnen das wunderbare Angebot, das Gott Ihnen persönlich macht.

Anschließend möchten wir Sie mit diesem Buch gerne einen Monat lang begleiten und über einen Zeitraum von 30 Tagen jeweils täglich eine kurze, grundlegende Lektion des Glaubens mit Ihnen teilen. Es sind wichtige Dinge, die Sie in Ihrem Leben als Christ wissen sollten.

Wenn Sie Fragen haben oder weitere Informationen wünschen, können Sie sich gerne an uns wenden. Wir freuen uns, wenn wir Ihnen im Glauben weiterhelfen können.

Wir wünschen Ihnen Gottes reichen Segen beim Lesen dieses Buches und hoffen, dass für Sie damit eine Reise auf dem Weg zu echter Freude beginnt!

Ihre

Isolde u. Daniel Müller

Isolde und
Daniel Müller

DU BIST WERTVOLL!

DIE WICHTIGSTEN WAHRHEITEN
IHRES LEBENS

Ganz am Anfang meiner Ausführungen will ich Ihnen eine grundlegende Tatsache zeigen, die für alles Andere in diesem Buch sehr, sehr wichtig ist: Sie müssen Ihren eigenen Wert erkennen und folgende Tatsache akzeptieren: Du bist wertvoll!

Es ist vollkommen unwichtig, was Andere über Ihren Wert sagen; es ist wichtig, was Sie selbst über sich denken; letztes Endes wird aber Ihr Wert vor allem durch das bestimmt, was Gott über Sie denkt!

Ihr Wert bestimmt sich nicht über Ihre erworbenen körperlichen oder geistigen Fähigkeiten, über das, was Sie haben oder nicht haben. Es ist auch unerheblich, ob Sie Fehler haben oder machen. Auch die Menschen in der Bibel hatten Fehler, alle von ihnen, und Gott hat sie trotzdem gebraucht!

Ihr Wert ist innerlich und ändert sich nie, egal was passiert. Er kann sich nie ändern. Für Gott sind wir alle einzigartige Originale, so steht es auch in der Bibel:

Gott hat etwas aus uns gemacht: Wir sind sein Werk, durch Jesus Christus neu geschaffen, um Gutes zu tun. Damit erfüllen wir nur, was Gott schon immer mit uns vorhatte. Epheser 2,10

Dass Ihre Handlungen und Ihr Denken nichts an Ihrem Wert als Mensch ändern, ist ganz leicht zu verstehen, wenn man leblose Dinge als Beispiel hernimmt: Denken Sie zum Beispiel an eine schlichte 1 Euro-Münze in Ihrer Tasche. Was hat diese kleine Münze wohl schon alles erlebt? Sie kann in einen Streit um Geld verwickelt gewesen sein, an Ungerechtigkeit und Betrug teilgenommen haben, im Dunkeln verloren gegangen oder versehentlich weggeworfen und irgendwann wieder gefunden worden sein, unbemerkt am Straßenrand gelegen und mit schmutzigen Schuhen getreten worden oder mit der Zeit alt und unansehnlich geworden sein. Aber der Wert dieser Münze, was man dafür kaufen oder bekommen kann, hat sich in all dieser Zeit nie geändert! Und genau dasselbe gilt für Sie! Sie glauben vielleicht manchmal, dass Sie durch äußere Umstände, durch Krankheit, Not oder die Schuld anderer Menschen nicht mehr so viel wert seien wie früher. Gott aber kennt Ihren wahren Wert und weiß, dass dieser sich niemals ändert, was immer auch passiert.

Falls Ihre Eltern Sie nicht gewollt haben: Sie sind trotzdem wertvoll. Wenn Sie in Armut leben mussten, unter schlimmen Problemen gelitten, oft gesündigt haben, ob man Sie gemobbt oder beleidigt hat: Sie sind wertvoll! Gott hat seine Arme immer für Sie geöffnet.

Wenn Vater und Mutter mich verstoßen, nimmst du, Herr, mich doch auf. Psalm 27,10

Ich kenne eine alte Geschichte, die ich ganz besonders liebe, und die sehr schön zeigt, dass unser wahrer Wert für uns selber nicht immer offen zu sehen ist, aber letzten Endes immer ans Tageslicht kommt. Sie geht ungefähr so:

Es waren einmal vor langer Zeit drei junge Bäume: ein Ölbaum, eine Eiche und eine Kiefer. Alle drei hatten große Träume für die Zeit, wenn sie später einmal große stattliche Bäume wären.

Der Ölbaum wollte unbedingt eine Schatztruhe werden, die wertvolle Dinge sicher aufbewahren sollte, Dinge, die die Menschen erfreuen, erstaunen, überraschen und beglücken. Als schließlich die Waldarbeiter kamen und den Ölbaum fällten, fand er sein Holz als einfache Futterkrippe wieder, an der sich die Tiere rieben und aus der sie ihr Futter in sich hineinschlangen. Der Ölbaum war tief traurig und überzeugt, dass er großes Pech gehabt und seine wahre Bestimmung versäumt hätte.

Die Eiche hatte als größten Wunsch, dass sie eines Tages in kräftige Balken verarbeitet und daraus ein stolzes Schiff gebaut würde, auf dem Könige über die Meere fahren sollten. Man kann sich ihre Enttäuschung vorstellen, als sie gefällt und aus dem Holz ein einfaches kleines Fischerboot gemacht wurde, auf dem raue Gesellen tagaus, tagein die Netze mit stinkenden, zappelnden Fischen einholten.

Die Kiefer schließlich hatte nur das eine Ziel, auf einem Hügel zu stehen und mit ihren Wipfeln auf Gott hin zu zeigen. Doch sie wurde eines Tages von einem Blitz gefällt und ihr Holz wurde achtlos auf einen Abfallhaufen geworfen. Da war die Kiefer tieftraurig und meinte, dass sie von allen Bäumen das schlechteste Schicksal getroffen hätte.

Einige Jahre später suchte eine hochschwangere junge Frau namens Maria dringend nach einer Unterkunft, wo sie ihren Sohn gebären könnte. Sie fand Unterschlupf in einem Stall und legte ihr Neugeborenes in die Futterkrippe. Der Ölbaum hielt nun doch den größten Schatz aller Zeiten!

Noch viele Jahre später wollte ein junger Mann namens Jesus zu einer großen Menschenmenge sprechen, die sich um ihn herum drängte. Damit man ihn besser sehen und hören konnte, bestieg er ein kleines Fischerboot und sprach vom See Genezareth aus zu der Menge. So trug das Boot aus dem Holz der Eiche nun doch den König aller Könige und ihr Traum war in Erfüllung gegangen.

Ein paar Jahre danach sollte ein Mann auf dem Hügel Golgatha hingerichtet werden. Die römischen Soldaten suchten nach Holz, aus dem sie ein Kreuz zimmern könnten, und fanden das Holz der Kiefer. So wurde die Kiefer zuletzt zum Erfüllungsgehilfen der größten Geschichte der Menschheit!

Sind Sie vielleicht wie einer dieser Bäume? Glauben Sie manchmal, dass Ihre Träume nicht in Erfüllung gegangen und Sie deshalb nichts wert sind? Dann denken Sie besser nochmals darüber nach! Gott wird Sie nie aufgeben, weil Sie wertvoll und ein Teil seiner Schöpfung sind.

Ihr Wert wird vor allem dadurch bestimmt, was Gott über Sie sagt!

DIE REALITÄT

Die Bibel berichtet uns, dass der erste Mensch, Adam, sich entschied, entgegen den Anordnungen Gottes zu handeln und er die Anweisungen des Schöpfers bewusst übertrat. Seit diesem Zeitpunkt befinden sich alle Nachfahren Adams – also auch Sie und ich – von Geburt an unter der Kontrolle einer entsetzlichen und zerstörerischen Macht – der Sünde.

Als Sünde bezeichnet die Bibel alles, was sich trennend zwischen unseren liebenden himmlischen Vater und uns stellt. Sünde ist also die Trennung, die Barriere, die Kluft zwischen Gott und Ihnen.

Alle sind Sünder und haben nichts aufzuweisen, was Gott gefallen könnte..
Römer 3,23

Kein Mensch kann diesem grundlegendsten Problem der Menschheit entkommen, selbst dann nicht, wenn er einen moralisch völlig einwandfreien Lebenswandel führen könnte. Denn egal, wie sehr wir Menschen uns anstrengen und durch unser Verhalten versuchen, „richtig" zu leben – wir können von der Macht der Sünde nicht frei werden. Es ist genauso wenig möglich, wie ein Mensch durch sein Verhalten seine Hautfarbe ändern kann, denn solange wir Jesus unser Leben nicht anvertraut haben, stehen wir unter der Macht der Sünde.

SÜNDE IST DAS,
WAS UNS VON GOTT TRENNT

Das größte Problem unseres Lebens ist diese Macht der Sünde, der wir von uns aus niemals entkommen können.

Die Bibel zeigt uns unmissverständlich, dass ein Leben in Sünde letztlich furchtbare Konsequenzen hat. Jeder Mann und jede Frau wird diese zu tragen haben – es ist der in alle Ewigkeit andauernde Fortbestand dieser Trennung von Gott. Diesen Zustand der Gottesferne nennt die Bibel Hölle. Da Gott alles verkörpert, was lebenswert, schön, beglückend, erfüllend, frohmachend usw. ist, ist Satan das Gegenteil. Die Hölle ist ein Ort entsetzlicher Einsamkeit, Leere und Trostlosigkeit, ein Ort voll Schmerz, Schrecken und Trauer.

Die Gerechtigkeit Gottes verlangt, dass alles, was unter der Herrschaft der Sünde steht, von ihm einmal endgültig getrennt werden wird. Diesen Prozess nennt die Bibel „Gericht". Deshalb kann niemand dem entgehen, was wir als Menschen an Konsequenz für die Sünde zu erleiden haben. Menschlich gesehen gibt es keinen Ausweg.

Dennoch handle ich nach einem anderen Gesetz, das in mir wohnt… und mich zu seinem Gefangenen macht. Es ist das Gesetz der Sünde, das mein Handeln bestimmt. Ich unglückseliger Mensch! Wer wird mich jemals aus dieser Gefangenschaft befreien?
Römer 7,23-24

11

DER AUSWEG

Weil Gott die von ihm geschaffenen Menschen jedoch über alles liebt und er tiefe und innige Gemeinschaft mit uns – mit Ihnen und mir – haben möchte, schuf er einen faszinierenden Ausweg aus dieser entsetzlich verfahrenen Situation.

Weil der Mensch nicht von sich aus von der Herrschaft der Sünde frei werden kann, griff Gott selbst ein und schuf „Hilfe von oben". Er kreierte für uns einen Ausweg. Die Lösung war, dass er selbst an der Stelle der Menschen die Strafe der Sünde – den Tod – auf sich nahm.

In der Person Jesus Christus wurde der allmächtige Gott zu einem sterblichen Menschen. Er lebte auf dieser Welt, wurde jedoch von der Sünde nicht beherrscht, sondern war frei von dieser furchtbaren Macht.

Als Jesus am Kreuz hingerichtet wurde, war dies kein unglück-liches Missgeschick oder ein tragischer Zufall, sondern es war die von Gott geplante und initiierte Lösung zur Befreiung der Menschheit. Jesus nahm, obwohl er sündlos war, die Konsequenz und Strafe der Sünde auf sich und starb stellvertretend für Sie und mich. Indem er unsere Schuld trug, schuf er einen Weg, auf dem wir wieder zu unserem himmlischen Vater gelangen können.

Jesus Christus ist der absolut einzige Weg zu Gott. Nur er allein ist der Weg, der die Trennung zwischen Gott und uns überwindet.

Gott aber hat uns seine große Liebe gerade dadurch bewiesen, dass Christus für uns starb, als wir noch Sünder waren. Römer 5,8

EIN GENIALES ANGEBOT GOTTES

Das unbeschreiblich herrliche Angebot, das Gott uns mit dem Kreuzestod und der Auferstehung Jesu gibt, muss jeder für sich bewusst und aktiv ergreifen, um ewiges Leben zu bekommen. Das passiert nicht automatisch, weder durch bestimmte Rituale noch durch die Zugehörigkeit zu einer Institution, sondern es ist eine Willensentscheidung.

Jeder Mensch, der für sich willentlich persönlich Jesus Christus als seinen Erlöser annimmt und sich statt der Autorität der Sünde der Herrschaft Jesu unterstellt, wird frei. Das gilt für jede einzelne Person auf dieser Erde, egal, wie der vorherige Lebenswandel auch ausgesehen haben mag.

Die ihn aber aufnahmen und an ihn glaubten, denen gab er das Recht, Kinder Gottes zu werden.
Johannes 1,12

Wer Jesus Christus als Herrn und Retter annimmt, befindet sich nicht mehr unter dem Machtbereich der Sünde, des Todes und der Verdammnis, sondern ist, wie die Bibel es nennt, „neu geboren worden". Er ist in ein neues Leben durchgedrungen, ist hineingeboren in das Reich Gottes, den uneingeschränkten Herrschaftsbereich des himmlischen Vaters.

13

Gehört jemand zu Christus, dann ist er ein neuer Mensch. Was vorher war, ist vergangen, etwas Neues hat begonnen. 2. Korinther 5,17

WIE SIE ES FÜR SICH ERGREIFEN

Wer auf ihn vertraut, steht fest und sicher. … Gott ist ein und derselbe Herr, der aus seinem Reichtum alle beschenkt, die ihn darum bitten. Denn jeder, der den Namen des Herrn anruft, der wird von ihm gerettet.

Römer 10,11-13

Wenn Sie dieses neue Leben in Jesus Christus für sich persönlich annehmen wollen, **habe ich für Sie auf der folgenden Seite ein Gebet vorbereitet**, in dem Sie all das, was Jesus für Sie vollbracht hat, ergreifen können.

Bitte seien Sie sich bewusst, dass Gott nicht schockiert über Ihre Vergangenheit und Sünde ist, er kennt Sie und jedes Detail Ihres Lebens genau. Er wartet schon lange auf Sie und freut sich sehr, wenn Sie nun zu ihm kommen.

Bitte beachten Sie auch, dass es sich hierbei um das wichtigste und entscheidendste Gebet handelt, das Sie in Ihrem gesamten Leben aussprechen. Es ist der Start in eine persönliche und lebendige Beziehung mit Jesus Christus.

Bitte beten Sie das nebenstehende Gebet mit aufrichtigem Herzen ganz bewusst und sprechen Sie es laut hörbar aus. Nicht als Formel, sondern als Beginn der Kommunikation und Beziehung mit Gott. Sprechen Sie danach weiter und sagen Sie Gott, mit Ihren eigenen Worten, ehrlich und ohne religiöse Floskeln, was Sie auf dem Herzen haben.

Wer nicht neu geboren wird, kann nicht in Gottes neue Welt kommen.

Johannes 3,3

Wenn Sie dieses Gebet von ganzem Herzen im Glauben mitgebetet haben, sind Sie jetzt ein Kind Gottes. Denn durch Ihre ehrliche, persönliche, wissentliche und willentliche Entscheidung, Jesus Christus als Herrn und Retter anzunehmen, sind Sie nun Christ.

Sie sind geistlich neu geboren und Ihr Leben hat sich damit völlig verändert. Vielleicht bemerken Sie das nicht gleich in Ihren Lebensumständen, doch geistlich gesehen ist etwas völlig Neues entstanden.

Ich möchte Sie herzlich in der Familie Gottes willkommen heißen.

LIEBER HERR JESUS,

ich wende mich an dich und gebe dir die Herrschaft über mein Leben.

Ich weiß, dass ich ein Sünder bin und von mir aus gesehen keine Möglichkeit habe, vor dir gerecht zu sein. Durch die Sünde bin ich von dir getrennt.

Jesus Christus du hast den Weg frei gemacht, damit ich zu dir kommen kann. Ich nehme das jetzt für mich an. Ich akzeptiere deinen Opfertod, den du stellvertretend am Kreuz für mich erlitten hast. Ich bejahe, dass du für mich auferstanden bist und für mich lebst. Ich nehme es jetzt willentlich für mich persönlich in Anspruch.

Es tut mir leid, was ich bisher falsch gemacht und wo ich mich falsch entschieden habe, ich kehre um und will dir nachfolgen und bitte dich um Vergebung.

Wenn Sie möchten, benennen Sie an dieser Stelle einzelne Sünden, an die Sie erinnert werden oder die Ihnen schon lange eine Last sind.

Ich bitte dich, dass du mich in einen Prozess der Reinigung, der Heiligung und des Wachstums hineinführst. Ich möchte anders leben als bisher und will so leben, wie es dir wohlgefällig ist. Bitte lass mich wachsen und geistlich reif werden. Ich übergebe dir mein ganzes Leben – jeden einzelnen Bereich.

Wenn Sie möchten, können Sie an dieser Stelle gezielt die problematischen Bereiche Ihres Lebens nennen, die Sie ab jetzt bewusst unter die Herrschaft Jesu stellen wollen.

Ich nehme all das an, was du für mich getan hast. Ich akzeptiere dich als Herrn, Retter und Erlöser.

Ich bin jetzt ein Kind Gottes. Ich bin erlöst und lebe von nun an ein siegreiches Leben hier auf dieser Erde und habe ewiges Leben in Gottes Gegenwart.

Beten Sie nun mit Ihren eigenen Worten weiter.

Amen

Meine Entscheidung

Ich habe heute akzeptiert, dass ich in Gottes Augen ein Sünder war (Römer 3,23) und dass Jesus Christus meine Schuld auf sich nahm, indem er an meiner statt am Kreuz auf Golgatha starb (1. Petrus 2,24). Ich habe mein bisheriges Leben, das unter der Herrschaft der Sünde war, bereut und Gott um Vergebung gebeten. Ich habe erkannt, dass ich durch eigenes Bemühen vor Gott niemals gerecht werden kann.

Im kindlichen Vertrauen habe ich mich heute an Jesus Christus gewandt und im Glauben akzeptiert, dass er mich errettet und gerecht gemacht hat (Epheser 2,8-9). Ich habe ihn wissentlich und willentlich heute als meinen persönlichen Herrn und Retter angenommen und werde ihm ab jetzt folgen (Johannes 1,12).

Ich bin bereit, mich in der Öffentlichkeit zu Jesus Christus zu bekennen und anderen mein Zeugnis weiterzugeben (Römer 10,9-10 und Lukas 12,8).

Ich _____ *habe heute,*
   Vorname, Name

am _____
   Datum

meine persönliche Entscheidung für Jesus Christus getroffen und ihm mein Leben übergeben.

_____
   Unterschrift

Dieses Blatt ist ein wichtiges Dokument für Ihr geistliches Leben. Bewahren Sie es gut auf und machen Sie sich in Situationen des Zweifels und der Anfechtung immer wieder bewusst, dass Sie diese Entscheidung heute getroffen haben.

Falls Sie keine Bibel haben, wenden Sie sich an uns, wir werden Ihnen kostenlos eine zusenden.

DU BIST WERTVOLL!

30 TAGE WACHSTUM FÜR IHREN GLAUBEN
Wichtige erste Lektionen zu Ihrem neuen Leben als Christ

Ein persönliches Thema möchte ich noch klären, bevor wir mit dem eigentlichen Inhalt dieses Buches beginnen: Gestatten Sie mir bitte die vertraulichere Anrede "DU" im weiteren Verlauf! Wir sind als Christen schließlich eine große Familie, und auch Jesus hat in der Bibel seine Jünger mit "Du" angesprochen.

- Bitte lies in einem zusammenhängenden Zeitraum von 30 Tagen jeden Tag jeweils eine der folgenden Lektionen; jeden Tag nur eine!

- Nimm dir für dein Bibelstudium Zeit und suche einen ruhigen, ungestörten Ort dafür auf.

- Bete zu Beginn und bitte Gott, dass er dir hilft, das Geschriebene zu erfassen und in deinem Herzen zu verankern.

- Beginne mit den angegebenen Bibelstellen. Suche diese in deiner Bibel und lies sie aufmerksam durch. Es wird dir helfen, wenn du die Texte mehrfach liest und dir laut vorliest.

- Lies anschließend die Lektion. Oft sind weitere Bibelstellen im Text angegeben, die du nachschlagen solltest.

- Zum Ende ist eine Anregung für dein persönliches Gebet angegeben. Nutze dies als „Einstieg" in dein Gebet und bete einfach mit deinen eigenen Worten ungezwungen weiter.

- Auf Seite 81 findest du einige hilfreiche Tipps. Beginne, diese am besten sofort in deinem Leben umzusetzen.

- Wir wären dir sehr dankbar, wenn du uns ein Feedback über dieses Buch geben würdest. Du kannst das gerne telefonisch, oder auch anonym über die Webseite: www.missionswerk.de/wertvoll tun.

JEDES BABY HAT VERWANDTE

Epheser 2,19-22

Gott hat es gewollt, dass es kein Baby gibt, das ohne eine Familie geboren wird. Jeder einzelne Mensch hat einen Vater, eine Mutter und eine ganze Reihe von weiteren Verwandten. Ein Baby braucht seine Eltern, die es ernähren und für es sorgen. Es sollte vom Augenblick seiner Geburt an von liebevollen und treu sorgenden Eltern umgeben sein.

Leider ist das eine Idealvorstellung, die viele Menschen in dieser Weise nicht erleben. Wie steht es damit in deinem Leben? Als du Christ wurdest, hast du auf jeden Fall eine neue – geistliche – Familie bekommen.

Die Bibel sagt uns in 1. Timotheus 3,15, dass wir wissen sollten, *wie man sich im Haus Gottes, in seiner Gemeinde, zu verhalten hat, … (es ist) der tragende Pfeiler und das Fundament der Wahrheit.*

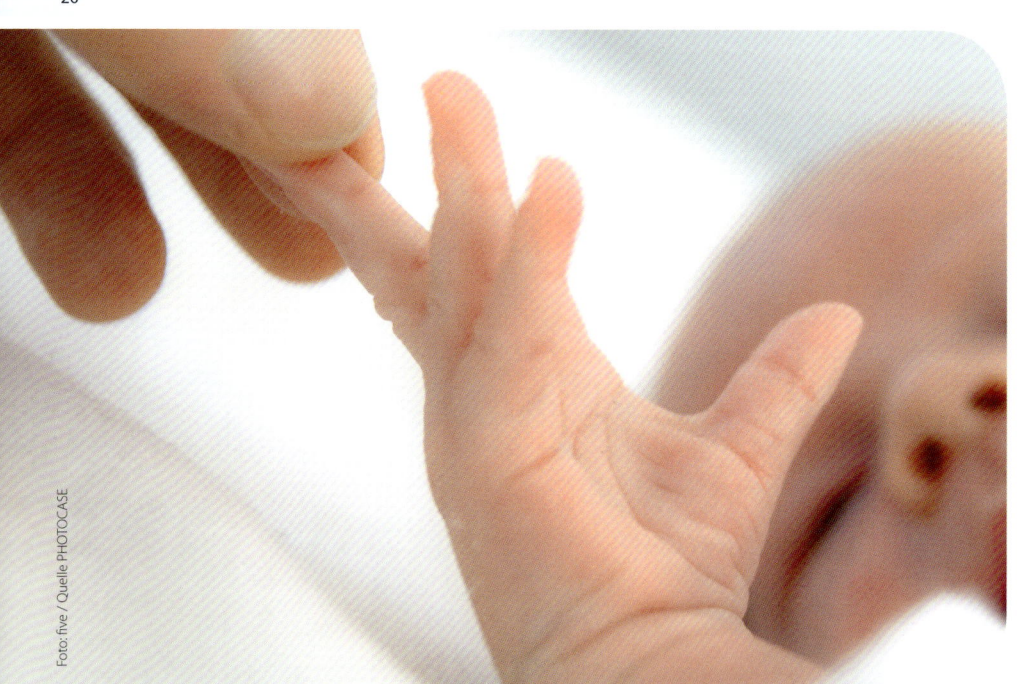

Es geht hierbei nicht um Benimmregeln, sondern um die Art der Beziehung. Die ersten Christen haben sich sofort in Hausgruppen zusammengeschlossen. Sie benötigten keine besonderen Gebäude für ihre Zusammenkünfte, sondern gingen stattdessen von Haus zu Haus, teilten das Essen miteinander, ermutigten sich gegenseitig und achteten auf die Nöte der anderen. Es war ebenso effektiv wie familiär und persönlich.

Doch über die Jahrhunderte kam das Volk Gottes immer weiter davon ab, Familie zu sein und wurde immer mehr zu einer Organisation. Die Kirche entwickelte sich zur Institution. Es dauerte einige Jahrhunderte, doch nach und nach wurde das Familienleben des Volkes Gottes durch Zusammenkünfte und Veranstaltungen ersetzt, die man in offiziellen Gebäuden abhielt und „Kirchen" nannte. Aber das Wort „Kirche" bezeichnet ursprünglich keine Gebäude. Es leitet sich von dem lateinischen Wort ecclesia ab, das „herausgerufenes Volk" bedeutet.

21

Gottes Absicht besteht nicht darin, ein Reich zu bauen, das man an seinen Kirchtürmen erkennen kann, sondern es besteht in der besonderen Beziehung der Menschen untereinander. Wir danken Gott für Gemeinde- und Kirchengebäude, aber es sind die Menschen, die dorthin kommen, die das Reich Gottes ausmachen. Diese Menschen sind deine neuen Familienangehörigen.

Anregung für dein Gebet

Danke deinem himmlischen Vater, dass er sich dazu entschieden hat, durch den Heiligen Geist in dir zu wohnen, und dass er eine besondere und innige Beziehung zu dir aufbauen will. Danke ihm für andere Kinder Gottes in seiner wunderbaren Familie.

ERWACHSENWERDEN BRAUCHT ZEIT

Hebräer 5,11-14

Biologisch betrachtet, benötigt ein Mensch etwa 20 Jahre, um vom Kleinkind zum Erwachsenen heranzureifen. Geistlich erwachsen zu werden braucht ebenfalls Zeit. Aber im Unterschied zur körperlichen Entwicklung geschieht das geistliche Wachstum nicht bei allen Menschen in der gleichen Geschwindigkeit. Du wirst im Reich Gottes vermutlich schon bald auf Menschen stoßen, deren Entwicklung sehr einseitig erfolgt ist, die zum Beispiel sehr viel in

der Bibel lesen, aber niemals anderen von ihrem Glauben erzählen. Man kann die geistliche Reife eines Christen deshalb nicht an seinem Alter festmachen. Es gibt Menschen, die schon seit vielen Jahren Christen sind, aber noch nicht so reif sind wie andere, die erst seit einigen Monaten zum Herrn gehören.

Babys entwickeln sich, indem sie Milch trinken und später feste Nahrung bekommen. Auch als neu geborenes Kind Gottes musst du zunächst eine Art „geistliche Milch" zu dir nehmen. Doch dabei darf es nicht bleiben. Der Autor des Hebräerbriefes warnt davor, dass unser Wachstum aufhören kann, wenn wir nicht zu gegebener Zeit zur festen Nahrung übergehen. Wir brauchen Nahrung, die uns stärkt und wachsen lässt – das Wort der Gerechtigkeit. Wir müssen es in uns aufnehmen. Wenn wir das tun, werden wir durch den beständigen Gebrauch geübte Sinne bekommen und letztlich in der Lage sein, Gut und Böse zu unterscheiden.

Hast du jemals beobachtet, wie ein kleines Kind nach einer Schere oder einem Messer griff, als seine Mutter gerade nicht hinsah? Weshalb geriet die Mutter in Panik, als sie erkannte, was passiert war? Weil sie wusste, dass das Kind noch nicht in der Lage war, den guten Gebrauch einer Schere oder eines Messers von dem schlechten zu unterscheiden. In den ersten Monaten und Jahren deines Lebens im Reich Gottes ist es wichtig, dass du lernst, Gut und Böse zu unterscheiden. Doch das braucht Zeit, habe deshalb Geduld mit dir selbst.

Anregung für dein Gebet

Danke dem Vater, dass er dich in Jesus Christus zu einer völlig neuen Schöpfung gemacht hat, einer neuen Kreatur. Bitte ihn, dass er dich wachsen lässt und in ein Leben der Gerechtigkeit hineinführt.

WER SIND DIE „KINDER"?

Galater 4,19 | Epheser 4,15 | 1. Thessalonicher 2,7-8

Kinder sind ganz besondere Menschen. Sie vertrauen rückhalt-
los und sind noch völlig unschuldig. Gleichzeitig fehlt ihnen das
nötige Einschätzungsvermögen, weil sie noch unerfahren sind.
Sie können deshalb in gefährliche Situationen geraten, ohne die
Folgen ihrer Handlungen zu überblicken. Bis sie das nötige Verständnis für ihre Welt entwickelt haben, brauchen sie Hilfe.

In Galater 4,19 schreibt Paulus an Christen, die wie Kinder handeln. Er vergleicht sich selbst mit jemand, der Geburtswehen erleidet – seine Schmerzen stammen von seiner Sehnsucht danach, dass Christus in diesen Kindern immer mehr *Gestalt gewinnt*.
Paulus war bewusst, dass sich der Charakter Jesu im Leben dieser Kinder noch nicht vollständig entfaltet hatte. In Epheser 4,15 schreibt er darüber, wie ein Christ heranreift: *Stattdessen wollen wir die Wahrheit in Liebe leben und zu Christus hinwachsen, dem Haupt der Gemeinde*.

Die eingehende Beschäftigung mit der Bibel ist eine der zentralsten Voraussetzungen für unser geistliches Wachstum. Daneben gehören auch Beziehungen zu anderen Christen dazu, die in der Lage sind, *die Wahrheit in Liebe zu bekennen*. Im Leben von Kindern gibt es vieles, was sie ohne Hilfe von außen noch nicht verstehen oder leisten können. Dazu sind andere Menschen da, die ihnen helfen.

In deiner neuen Familie werden dir andere Christen helfen, immer mehr zu wachsen. Die Bibel sagt, dass wir einander aufbauen sollen. Die *jungen Männer* und *Väter* in deiner Hausgruppe werden sich um dich kümmern, indem sie in guter und auferbauender Weise in dein Leben hineinsprechen.

Anregung für dein Gebet

Danke Gott für die anderen Christen, die er in deine Hausgruppe gestellt hat. Sie helfen dir auf deiner geistlichen Reise, während du immer mehr wächst und zugerüstet wirst.

WER SIND DIE „JUNGEN MÄNNER"?

1. Johannes 2,13-14 | Epheser 6,11-17 | Titus 2,11-12

Die besten Sportler sind in der Regel diejenigen im Alter zwischen 17 und 24 Jahren. Sie sind noch jung, aber bereits alt genug, um Koordination und Muskelkraft entwickelt und Erfahrung im Sport gesammelt zu haben. In gleicher Weise sind auch die geistlichen „jungen Männer" über das Kinder- und Jugendalter hinausgewachsen. Sie verfügen bereits über einige Erfahrungen von ersten Zusammenstößen und Kämpfen mit Satan.

Man sagt: *Du kannst keine äußeren Kämpfe gewinnen, so lange du nicht gelernt hast, deine inneren Kämpfe zu gewinnen.* Vielleicht bezeichnest du die Dinge, mit denen du im Inneren noch zu kämpfen hast, als Schwächen oder schlechte Angewohnheiten. Die Bibel hat für diese Dinge einen ganz anderen Namen – sie nennt sie „Festungen". Eine Festung ist ein befestigter Ort, der von einer bestimmten Macht beherrscht wird. Aber diese Macht verfügt nicht

über die vollständige Kontrolle über alles, sondern sie kann nur dort ihre Position behaupten, wo sie eine Festung vorfindet und sich darin verschanzt.

Mit diesem Begriff Festung werden Bindungen im Leben von Christen beschrieben, in denen Satan in bestimmten Bereichen noch gewisse Anrechte auf Kontrolle hat. Er übt in diesen Bereichen seine zerstörerische Macht aus. Paulus lehrt in 2. Korinther 10,4-5 darüber: *Ich setze nicht die Waffen dieser Welt ein, sondern die Waffen Gottes. Sie sind mächtig genug, jede Festung zu zerstören.* Im folgenden Vers geht er näher darauf ein, was er damit meint: *... jedes menschliche Gedankengebäude niederzureißen, einfach alles zu vernichten, was sich stolz gegen Gott und seine Wahrheit erhebt. Alles menschliche Denken nehmen wir gefangen und unterstellen es Christus, weil wir ihm gehorchen wollen.*

Festungen beziehen sich also auf unsere Gedanken. Satan möchte in deiner und meiner Gedankenwelt Festungen aufrichten und uns beispielsweise dazu bringen, Gott in Frage zu stellen oder uns selbst Ehre zu geben, anstatt Jesus Christus. Er versucht, unsere Gedanken mit Angst, Stolz, Minderwertigkeit, Skepsis, Bitterkeit, Unvergebenheit, Zweifeln und vielen anderen negativen Dingen zu füllen – sofern wir das zulassen. Auch Dinge wie Jähzorn, Kontrollsucht, Mangeldenken, Geiz und jede Art von Suchtverhalten gehören dazu. Die beste Hilfe ist, das Denken diszipliniert stets auf unseren Herrn und Retter, Jesus Christus, ausgerichtet zu halten.

Anregung für dein Gebet

Danke Gott heute dafür, dass er Satan am Kreuz besiegt und dir die Fähigkeit gegeben hat, „Nein!" zu jeder Form von Versuchung zu sagen. Du hast jetzt die Kraft, in ihm ein siegreiches Leben zu führen.

WER SIND DIE „VÄTER"?

1. Johannes 2,12-14

Wie du in der nebenstehenden Bibelstelle lesen kannst, gibt es bei den Menschen im Reich Gottes verschiedene Stufen der Reife:

1. **Kinder.** Die erste Stufe ist diejenige von geistlichen Kindern.
2. **Junge Männer.** Auf der nächsten Stufe befinden sich heran-wachsende Personen, sozusagen Teenager, die sich in einem Übergangsstadium befinden.
3. **Väter.** Auf der letzten Stufe finden wir schließlich die Eltern. Sie sind geistliche Vorbilder, denen wir folgen.

Wir wollen nun die Väter betrachten. Das entscheidendste Merk-mal eines Vaters besteht darin, dass er sich fortpflanzt. Wenn du die Menschen in deiner Gemeinde oder Hausgruppe im Laufe der Zeit besser kennen lernst, achte vor allem auf diejenigen, die andere zu Jesus führen. Sie sind die wahren Väter und Müt-ter im Reich Gottes. Es mag sein, dass du auf jemanden triffst, der viel über die Bibel weiß, der viel betet und vielleicht denkst du, dass diese Person ein echter Vater und ein Vorbild ist. Es kann sein – doch der entscheidende Beweis dafür, ob jemand wirklich ein geistlicher Vater bzw. Mutter ist, liegt darin, dass er sich fort-pflanzt, also andere Menschen zu Jesus Christus führt.

Setze alles daran, um mit solchen Personen Zeit zu verbringen, denn in diesen Menschen wirkt der Geist Jesu. Gott gebraucht sie, um andere in sein Reich hineinzuziehen. Es hat auch in deinem Leben solche Väter und Mütter gegeben, die sich die Zeit nah-men, dich zu Jesus zu führen, denn sonst würdest du noch immer ziellos in der Dunkelheit dieser Welt umherirren.

In Johannes 1,41 lernen wir Andreas kennen, einen der zwölf Jün-ger. Wir erfahren, dass er als Erstes, nachdem er Jesus begegnet war, seinen Bruder Simon aufsuchte und ihm erklärte: *Wir haben den Messias gefunden.* Andreas brachte seinen Bruder zu Jesus und wurde für ihn so zum geistlichen Vater.

Dies schreibe ich euch, meine ge-liebten Kinder, weil ich weiß, dass eure Schuld durch Jesus Christus vergeben ist. Euch Vätern schreibe ich, weil ihr den kennt, der von Anfang an da gewesen ist. Ich schreibe aber auch euch, ihr jungen Leute; denn ihr habt den Bösen besiegt.
1. Johannes 2, 12-13

©iStockphoto.com/Mari

29

Anregung für dein Gebet

*Danke deinem himmlischen Vater für die Person, die dich zu
Jesus geführt hat und bitte den Herrn, dass er auch dich aus-
rüstet und gebraucht, um in gleicher Weise andere Menschen
zu ihm zu führen.*

ACHTE AUF DEINE GEDANKEN

Psalm 19,15 | Römer 12,1-2 | Epheser 4,21-27

Es ist wichtig, dass du verstehst, dass du selbst Kontrolle über dein Denken ausübst und jederzeit entscheiden kannst, ob du bestimmte Gedanken zulässt oder nicht. Die meisten Menschen sind sich dieser wichtigen Tatsache nicht bewusst. Sie denken, was ihnen eben gerade in den Sinn kommt, ohne sich dafür Rechenschaft zu geben. Doch wir selbst haben volle Autorität über unser Denken – und tragen letztlich auch die volle Verantwortung dafür.

Der Teufel versucht in unser Denken negative Dinge wie beispielsweise Gedanken von Neid oder Missgunst hineinzusäen. Wir können diese gedanklichen Anregungen entweder aufgreifen, pflegen und „bewässern", oder ihnen keinen Raum zum Wachstum geben und sie ausreißen. Letztlich ist fast jede Sünde auf „Unkraut in den Gedanken" zurückzuführen.

Wenn du merkst, dass deine Gedanken durch negative, sündige und zerstörerische Dinge attackiert sind, sag einfach zu dir selbst: „Stopp! Ich höre jetzt auf, diesen Gedanken zu folgen!" Sehr hilfreich ist es, wenn du an dieser Stelle anfängst zu beten und den Herrn zu loben. Wenn die Gedanken wiederkommen, wiederholst du den Vorgang – notfalls viele Male. Du wirst sehen, dass es dir immer leichter wird, das eigene Denken unter Kontrolle zu bringen und gedankliche Festungen einzureißen.

Das, was du denkst, ist für deine Zukunft sehr wichtig, denn dein Leben wird in der gleichen Richtung verlaufen, in die auch deine Gedanken gehen. Unser Leben folgt immer unserem Denken. Achte deshalb auf das, was du denkst und auch auf das, was du über dich und dein Leben aussprichst.

Anregung für dein Gebet

Herr, hilf mir, mein Denken ganz auf das auszurichten, was dir wohlgefällig ist und meinem geistlichen Wachstum dient. Ich möchte meine Gesinnung ändern und in Zukunft so denken, wie du denkst. Leite mich immer mehr durch deinen Heiligen Geist an.

EINE INSPEKTION BEIM ZOLL

Epheser 2,1-6 | 2. Timotheus 3,2-5

Ein befreundeter Pastor berichtete mir Folgendes:
„Der mir zugewiesene Platz im Flugzeug befand sich neben einem jungen Mann, der ganz offensichtlich sehr nervös war. Als wir uns Singapur näherten, fragte er: „Stimmt es, dass sie hier jeden aufhängen, der Drogen ins Land schmuggelt?" „Ganz genau" entgegnete ich. „Sobald sie jemanden an der Grenze erwischen, kommt er sofort ins Gefängnis. Wenn er vor Gericht schuldig gesprochen wird, wird er erhängt."

Er wurde seltsam still. Mit einem Mal stand er auf und verschwand auf der Toilette. Als er zurückkam, lag ein erleichterter Ausdruck auf seinem Gesicht. Ich konnte mir denken, was geschehen war und fragte ihn: „Sie mussten noch etwas loswerden, was zu gefährlich war, um es zu behalten, oder?" Er sah mich beschämt an und bat mich: „Aber Sie werden es doch niemandem sagen?" Auf Grund seiner Kleidung, seiner Frisur und seines Alters wurde er nach unserer Landung von den Zollinspektoren zur Seite genommen. Er hatte eine sehr weise Entscheidung getroffen und sich des Ballasts entledigt, der in dem Land nicht zugelassen war, in das er einreisen wollte."

Gibt es derartigen Ballast auch in deinem Leben? Dinge, die du noch mit dir herumschleppst, von denen du aber weißt, dass sie nicht gut sind? Die beiden angegebenen Bibeltexte erwähnen einige davon. Denk einmal darüber nach, wie du in der Vergangenheit „funktioniert" hast und innerlich programmiert warst. Gibt es da Ballast, den du bei Gott loswerden musst, weil du weißt, dass dieser in seinem „Land", seinem Herrschaftsbereich nicht zugelassen ist? Dann bete das nachfolgende Gebet. Dein himmlischer Vater will dich grundsätzlich von allem Ballast befreien, den du mit dir herumträgst.

Anregung für dein Gebet

Vater, ich habe diesen Ballast schon sehr lange mit mir herumgeschleppt. Jedes Mal, wenn ich versucht habe, ihn loszuwerden, bin ich gescheitert – er ist tief in mir verankert und vergraben. Ich stehe hilflos davor. Aber ich will davon frei werden. Ich glaube an dich und dass du mich frei machen kannst und willst. Ich bitte dich jetzt, in meinem Leben zu wirken. Ich übergebe dir bewusst all diesen Ballast.

BÜRGER ZWEIER WELTEN

Philipper 3,20 | Hebräer 11,13-16

Du und ich sind Bürger der Nation, in der wir leben – Deutschland, Österreich, Schweiz oder welches Land es auch immer sein mag. Die Bibel fordert uns in Römer 13,1-7 dazu auf. Doch von weitaus größerer Bedeutung ist es, Bürger des Reiches Gottes zu sein. Du gehörst durch deine Neugeburt zum Reich Gottes. Es ist deine geistliche Heimat und diese ist weitaus bedeutsamer als jede irdische Heimat. Paulus schreibt an die Gemeinde in Philippi: *Wir dagegen haben unsere Heimat im Himmel. Von dort erwarten wir auch Jesus Christus, unseren Retter. (Philipper 3,20)*

Wenn du zum Reich Gottes gehörst, bedeutet das, dass du jede andere Loyalität gegenüber kulturellen und gesellschaftlichen Werten und Normen ablegst, die den Werten des Reiches Gottes widersprechen.

In den kommenden Tagen werden wir uns näher damit beschäftigen, was das für dich ganz konkret bedeutet. Jeder Christ muss über die Werte nachdenken, die sein Leben in der Vergangenheit geprägt haben und die er vielleicht sogar schon von Klein auf in sich aufgenommen hat. Zum Beispiel, das Ziel Karriere zu machen und viel Geld zu verdienen, auch wenn man dabei rücksichtslos „die Ellbogen" einsetzen muss. Oder die Art und Weise, wie wir andere Menschen behandeln, von denen wir denken, dass sie nicht unserem sozialen Status entsprechen, eine andere Hautfarbe oder Nationalität haben usw.

Es ist wichtig, dass du erfasst, du bist tatsächlich mit deiner geistlichen Neugeburt Bürger des Reiches Gottes geworden; des Herrschaftsbereichs, in dem der Herr uneingeschränkt regiert. In einem gewissen Sinne sind Christen „Bürger zweier Welten". Du lebst zwar noch hier auf der Erde und bist Bürger einer vergänglichen Nation und gleichzeitig gehörst du zum Reich Gottes, das in alle Ewigkeit Bestand haben wird.

35

Anregung für dein Gebet

Vater, bitte hilf mir, meine wunderbaren Rechte als Kind Gottes immer mehr zu erkennen und alle kulturell oder gesellschaftlich geprägten Denkmuster hinter mir zu lassen, die unserer Beziehung im Weg stehen.

UNTER EINEM ANDEREN HERRSCHAFTSSYSTEM

Lukas 4,5-8

Satan fürchtete sich sehr, als Jesus geboren wurde und als Mensch auf diese Erde kam. Er versuchte alles, um dieses Kind zu vernichten. Jesu Familie musste sogar eine Zeit lang nach Ägypten fliehen. Später versuchte Satan religiöse Leiter, die Jesus hassten, dazu anzustiften, ihn zu ermorden (vgl. Matthäus 12,14; Markus 3,6). Die größte Bedrohung für Satan stellte die Predigt Jesu dar: *Kehrt um zu Gott! Denn jetzt beginnt seine neue Welt! (Matthäus 4,17)*. Damit ist das Kommen des Herrschaftsbereiches Gottes gemeint. Nachdem der Teufel jahrhundertelang die Reiche dieser Welt beherrscht hatte, wurde seine Macht plötzlich bedroht, weil Jesus den Menschen ein neues Reich anbot.

Satan hatte mächtige, übernatürliche Herrschaftssysteme im unsichtbaren Bereich errichtet, wo ihm gefallene Engel als „Fürsten" über alle irdischen Reiche dienten (vgl. Daniel 10,20-21). Diese Reiche waren in Wirklichkeit Gefängnisse, es waren Systeme, die Menschen gebunden hielten. Jeder Einzelne dieser Herrscher versuchte, die Erkenntnis Gottes durch falsche Werte und Täuschung zu verhindern. Falls Jesus sein Reich aufrichten würde, hätte Satan seine Macht verloren.

Nachdem Jesus sich von Johannes dem Täufer hatte taufen lassen, wurde er durch den Heiligen Geist in die Wüste geführt und dort vom Teufel versucht. Aus der Sicht Gottes war dies ein wichtiger und positiver Test vor dem Beginn des öffentlichen Auftretens Jesu. In den Augen des Teufels stellte es hingegen die einmalige Gelegenheit dar, Jesus unter seine Kontrolle zu bringen. Wenn ihm das gelingen würde, hätte er gewonnen und das Kommen des Himmelreichs verhindert.

Satan bot Jesus zweierlei an: Autorität und Herrlichkeit. Denn die beiden Dinge, die in den Augen der Menschen das Wichtigste sind: Kontrolle über andere zu haben (Autorität) und als etwas Besonderes anerkannt zu werden (Herrlichkeit). Doch Jesus ging nicht darauf ein. Er entgegnete dem Teufel, dass wir nicht die Reiche dieser Welt oder irgendetwas, was in ihnen ist, anbeten oder verehren sollen, sondern, *Du sollst den Herrn deinen Gott anbeten und ihm allein dienen. (Matthäus 4,10)*.

Anregung für dein Gebet

Herr, hilf mir, mein Wertesystem zu erneuern und es allein auf das zu gründen, was du für mein Leben für wichtig hältst. Lass mich nicht nach Dingen trachten, die Satan erneut die Kontrolle über mein Leben ermöglichen.

SALOMOS FAZIT

Prediger 1,1-2 + 2,4-11 + 12,13

Als Salomo zum König über Israel gekrönt wurde, berichtet die Bibel, dass Gott zu ihm sagte: *Ich will dich so weise und einsichtsvoll machen, wie es vor dir noch niemand war und auch nach dir niemand mehr sein wird. (1. Könige 3,12)*. Salomo gilt als einer der weisesten Männer aller Zeiten. Gegen Ende seines Lebens schrieb er das Buch Prediger, es beinhaltet sein pessimistisches Urteil über den Sinn des Lebens in den Königreichen dieser Welt.

In Prediger 2,3 beschreibt er, dass er alles erlangt und erfahren hat, was in dieser Welt erstrebenswert zu sein scheint und durch

©iStockphoto.com/Clearphoto

die Führung menschlicher Weisheit erreichbar ist. Er schreibt, dass sein Herz sich beschäftigte: *Ich wollte herausfinden, was für die Menschen gut ist und ob sie in der kurzen Zeit ihres Lebens irgendwo Glück finden können*.

Er verfügte über die Macht und den Reichtum, alles Irdische selbst auszuprobieren. Er hatte viele Frauen, exquisite Paläste und unermesslichen Reichtum. Er kostete alle Dinge aus, von denen wir meinen, dass sie das Leben lebenswert machen können. Deshalb ist seine Schlussfolgerung äußerst bedeutsam für uns.

Satan ist kein Dummkopf. Wenn er uns ein Leben voller Perversion und Unmoral, Diebstahl und Gewalt anbieten würde, würden sich die meisten von uns sofort abwenden und ihm nicht in die Falle gehen. Deswegen bietet er uns scheinbar harmlose Werte an, irdische Dinge, die uns Glück und Zufriedenheit versprechen. Viele lassen sich von ihm täuschen und verbringen ihr gesamtes Leben damit, auf falschen Wegen diesem Glück hinterherzurennen. Am Ende des Buches Prediger kam Salomo zu einem Fazit, einer Schlussfolgerung, was das Leben letztlich wirklich lebenswert macht: *Begegne Gott mit Ehrfurcht, und halte seine Gebote! (Prediger 12,13)*. Er erkannte, dass die wichtigste Aktivität im Leben ist, den Willen Gottes zu tun.

Was sind deine Ziele im Leben? Musst du deine Zielsetzungen überdenken oder korrigieren?

Anregung für dein Gebet

Danke Herr, dass du meinem Leben Sinn und Ziel gegeben hast. Hilf mir, von ganzem Herzen nach den Dingen zu trachten, die im Reich Gottes von Wert sind. Ich weiß, dass es das Beste für mein Leben ist, wenn ich nach deinem Willen und deinen Vorgaben lebe.

LASS DICH NICHT MANIPULIEREN
Lukas 9,25-26 | Römer 6,20-23 | 1. Johannes 5,19

In den drei angegebenen Bibelstellen erkennen wir, dass die Menschen, die Jesus nicht als ihren Erlöser angenommen haben, keine Freiheit kennen. Das Neue Testament bezeichnet sie als Sklaven, denn sie leben unter der Macht Satans. Er übt seine Macht beispielsweise aus, indem er sie der Manipulation und Kontrolle anderer Menschen ausliefert. Denken wir an Petrus. Sein Mut, für Jesus aufzustehen, verließ ihn, als er sich plötzlich allein inmitten einer feindseligen Menge befand. Er verleugnete seinen Herrn in dieser Situation dreimal (Matthäus 26,69-75). Sobald wir feststellen, dass wir uns von Menschen kontrollieren und bestimmen lassen, die von Satan gesteuert werden, müssen wir eine Entscheidung treffen.

Foto: Gestaltbar / Quelle PHOTOCASE

Ein Beispiel dazu: Eine 55-jährige Frau erklärte ihrer Hausgruppe, weshalb sie kein öffentliches Bekenntnis ihres Glaubens an Jesus Christus ablegen könnte. Sie wollte ihre Mutter, die eine praktizierende Buddhistin war, nicht beleidigen. Für sie war die Entscheidung, ihre Mutter nicht zu beleidigen, wichtiger als ihr Glaube an Jesus. Sie hatte die Worte Jesu aus Lukas 9,26 noch nicht verstanden. Dort sagt der Herr, dass er sich auch unser schämen wird, wenn wir uns schämen, von ihm zu erzählen. Diese Frau hatte ihr ganzes Leben lang versucht, ihrer Mutter zu gefallen, doch sie manipulierte und kontrollierte sie nur. In Wirklichkeit hatte die Macht Satans die Mutter bereits mehr als 75 Jahre lang blind für die Liebe Gottes gemacht. Das Schweigen der Tochter verhinderte, dass die Gnade Gottes durch sie zu ihrer Mutter fließen konnte, um diese für Zeit und Ewigkeit zu erretten.

Da du dich entschieden hast, Jesus nachzufolgen, wird Satan unter anderem versuchen, dich durch Menschen zu manipulieren. Dies können Menschen sein, die du in der Vergangenheit gefürchtet oder verehrt hast. Nimm dir noch heute vor, eine Entscheidung mit Ewigkeitswert zu treffen und Jesus Christus nicht zu verleugnen. Denke stets daran, nichts und niemand hat das Recht, dich durch Manipulation zu kontrollieren.

Ich schäme mich nicht für die rettende Botschaft. Sie ist eine Kraft Gottes, die alle befreit, die darauf vertrauen; zuerst die Juden, aber auch alle anderen Menschen. (Römer 1,16)

Anregung für dein Gebet

Vater, hilf mir, damit ich mich niemals deines Sohnes Jesus Christus schäme, sondern anderen davon erzähle, dass ich ihn als meinen Herrn und Retter angenommen habe.

WO IST DAS REICH GOTTES?

Daniel 2,44 | 5. Mose 5,8-9

Der angegebene Vers aus dem Buch Daniel ist Teil eines Berichtes über König Nebukadnezar, der im Traum eine Botschaft von Gott empfing. Der Prophet Daniel legte dem König den Traum aus und sagte ihm Ereignisse in ferner Zukunft voraus, in der die Königreiche dieser Welt, die Satan gehören, einmal gestürzt werden.

Du wirst in deiner Bibel zahlreiche Schriftstellen finden, die von der zukünftigen Zeit sprechen, wenn Jesus auf diese Erde zurückkehrt, um als König aller Könige zu herrschen. Mache dir bewusst,

iStockphoto.com/konradlew

du musst nicht darauf warten bis sein Reich am Ende des Zeitalters irgendwann anbricht. Du kannst und sollst es bereits jetzt, hier und heute erfahren. Jesus sagte in Lukas 17,21: *Die neue Welt Gottes ist schon jetzt da – mitten unter euch*. Als Christen leben wir zwar noch in dieser Welt und ihren Systemen und Strukturen, ihren „Königreichen", aber das Reich Jesu lebt bereits in dir und mir und wir sind Bürger seines Königreichs.

Die Menschen, die Jesus nicht angenommen haben, beten die Götzen dieser Welt an, doch wir richten unser Augenmerk auf Jesus Christus und beten den wahren Gott an. Götzen sind dabei keinesfalls nur die Dinge, die in exotischen Tempeln angebetet werden; Götzen sind alles, was Gott auch nur einen Teil unserer Liebe und Hingabe raubt. Es sind Dinge, die wir verehren und auf die wir unser Vertrauen setzen. Das können Besitz, Macht und Vergnügen sein, Geldanlagen, Versicherungen oder auch Menschen und vieles andere. Gott liebt uns und es ist durchaus in Ordnung, Besitztümer zu haben, doch wir dürfen nie zulassen, dass der Besitz uns besitzt. Es ist gut, über die Dinge zu verfügen, die man mit Geld kaufen kann, aber nicht auf Kosten der Dinge, die man für Geld nicht kaufen kann, wie Liebe, Freude, Frieden und ein Leben, das Gott gefällt.

Also: Genieße den Besitz, mit dem Gott dich beschenkt hat und sei stets bereit, sein Werk zu unterstützen und dafür zu geben.

Anregung für dein Gebet

Vater, als ich zu dir kam, habe ich alle meine Rechte aufgegeben, meinen Willen und meinen Besitz. Ich will dir niemals wieder etwas vorenthalten. Ich bin ein Haushalter all dessen, was du mir anvertraut hast.

HAUSGEMEINSCHAFT = OIKOS

Epheser 2,19-22 | 1. Korinther 12,12-21

Das biblische Wort für Hausgemeinschaft ist das griechische Wort „oikos". Ein oikos ist eine kleine Gruppe von Menschen, die eine besondere Beziehung zueinander haben. Sie verbringen jede Woche Zeit miteinander und tauschen sich aus. Die meisten von uns haben nur einen sehr kleinen oikos, denn viele Menschen verbringen nicht besonders viel Zeit damit, sich mit anderen Menschen zu unterhalten. Wir kennen normalerweise nur wenige Menschen, mit denen wir uns eine ganze Stunde oder länger unterhalten, und sei es auch über die ganze Woche verteilt.

Es gab schon immer besondere Menschen in deinem Leben, die du als deine Familie betrachtet hast, selbst wenn diese mit dir nicht blutsverwandt waren. Es sind kleine Gruppen von Menschen, die sich nahe stehen, enge Beziehungen pflegen und sich umeinander kümmern. Die Grundform christlicher Gemeinschaft im Neuen Testament wird als oikos bezeichnet. Heute sprechen wir von Hausgruppen bzw. Hauskreisen. Meist bestehen sie aus ca. 15–20 Personen, damit die Beteiligten wirkliche Qualitätszeit miteinander verbringen können.

Der Heilige Geist will uns zu einer Familie mit aufrichtigen und innigen Beziehungen machen. Die Bibel verwendet dazu das Bild eines Leibes: *Gemeinsam bilden wir alle den Leib Christi, und jeder Einzelne ist auf die anderen angewiesen. (Römer 12,5).*

Bei einem Leib ist jedes Glied mit den anderen verbunden und alle Glieder sind aufeinander angewiesen. Genauso ist es auch mit dem „Leib Christi", dem oikos, der Zellgruppe und der Gemeinde.

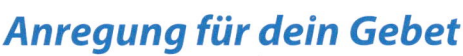

DU BIST
WERTVOLL!
TAG 13

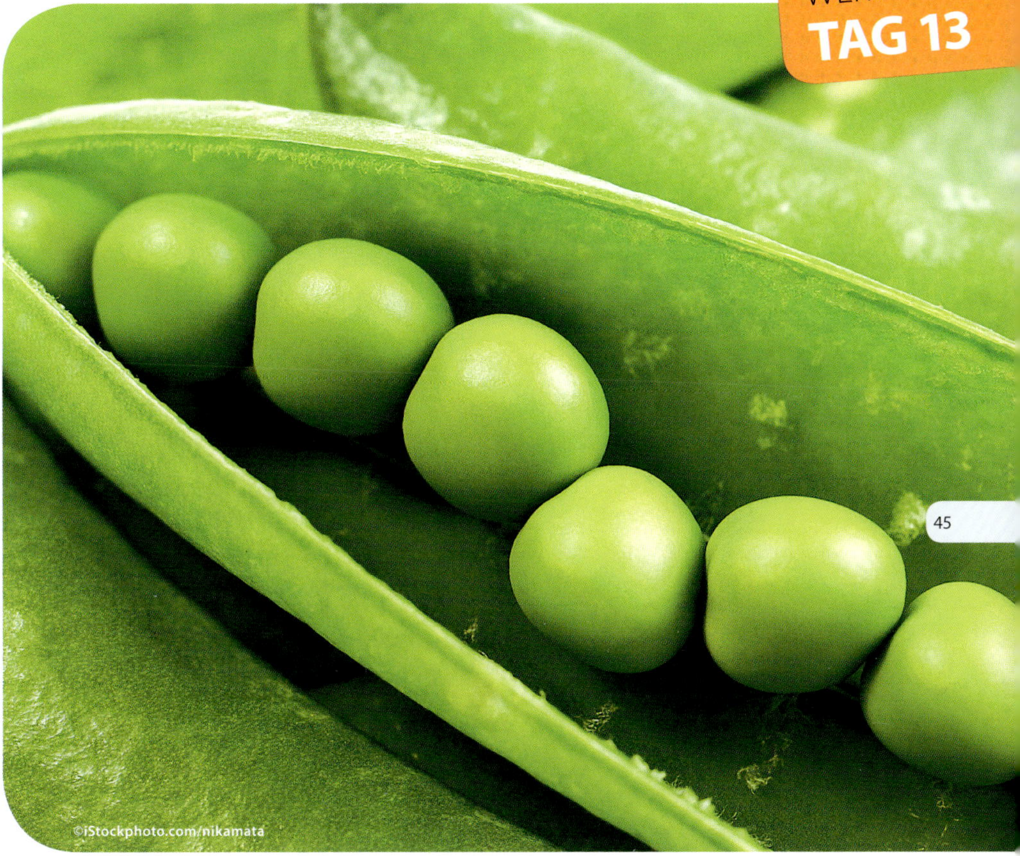

©iStockphoto.com/nikamata

Anregung für dein Gebet

Vater, ich danke dir, dass du mich in deine Familie aufgenommen hast, die ich in einer unüberschaubar großen Zahl von Kirchen und Gemeinden in jeder Region und jedem Land auf der ganzen Welt finden kann.

DIE TAUFE IM WASSER
Matthäus 28,18-20 | Apostelgeschichte 2,38

In Matthäus 28,18-20 befiehlt Jesus seinen Nachfolgern, die Menschen, die Jesus Christus als ihren Herrn und Retter angenommen haben, zu taufen. Die Taufe ist ein besonderes Zeugnis, das auch für andere sichtbar macht, dass ein Mensch neu geboren ist und zum Volk Gottes gehört. Eine Taufe im biblischen Sinne kann erst nach der willentlichen Entscheidung, Jesus anzunehmen, erfolgen. Petrus schreibt, zunächst kommt die Buße: *Kehrt um zu Gott! … Jeder von euch soll sich auf den Namen Jesu Christi taufen lassen, … (Apostelgeschichte 2,38)*.

Taube: ©iStockphoto.com/Okea

Da Säuglinge weder Buße tun noch eine persönliche Entscheidung für Jesus treffen können, gilt die in den Landeskirchen übliche Kindertaufe vielen reiferen Christen als unzureichend.

Die biblische Taufe bedeutet, dass ein Mensch sich vollständig unter Wasser tauchen lässt und nicht lediglich mit Wasser besprengt wird. Das griechische Wort für Taufe drückt dies aus. „Baptizo" bedeutet untertauchen, hineintauchen, versinken. Durch die Taufe bezeugt eine Person öffentlich, mit ihrer Vergangenheit, ihrem alten Leben unter der Herrschaft der Sünde ein für allemal abgeschlossen zu haben und sie zu neuem Leben auferstanden ist (vgl. Römer 6,10). Die Taufe ist deshalb ein Bekenntnis des Glaubens an Jesus Christus.

Falls du noch nicht in der Weise, wie Jesus es uns angeordnet hat, getauft worden bist, solltest du dies nachholen. Sprich mit deinem Pastor oder Hausgruppenleiter darüber. Die Taufe wurde den Neubekehrten nicht zur Wahl gestellt, sondern angeordnet (vgl. Apostelgeschichte 10,48).

Einige weitere Bibelstellen zum Thema Taufe für dich:
Matthäus 28,19; Apostelgeschichte 2,38+41; 8,12+35; 9,18; 10,47-48; Kolosser 2,12

Anregung für dein Gebet

Lieber Herr, ich danke dir, dass ich durch dich erlöst worden bin und dadurch vom Tod zum Leben durchgedrungen bin. Der Tod hat keine Macht mehr über mich.
Ich danke dir, dass ich durch die Taufe ein öffentliches Bekenntnis davon ablegen darf.

DEINE NEUE VERANTWORTUNG

1. Mose 4,8-10 | Galater 5,25 + 6,4 | Apostelgeschichte 5,1-11

In 1. Mose 4,9 ermordet Kain seinen Bruder Abel. Als Gott ihn anschließend fragt, wo sein Bruder ist, entgegnet er: *Woher soll ich das wissen? Ist es etwa meine Aufgabe, ständig auf ihn aufzupassen?* Die Eifersucht auf seinen Bruder hatte ihn zum Mörder werden lassen. Doch seine Antwort offenbart ein noch viel grundlegenderes Problem: Er fühlte sich für seinen Bruder nicht verantwortlich.

Früher oder später werden dir in der Gemeinde oder Hausgruppe die Eigenheiten und Macken der Anderen begegnen. Du wirst feststellen, dass es in vielen Bereichen noch „menschelt" und sich jeder Einzelne auf einem Weg des Wachsens und Reifens befindet. Der Herr ist mit jedem seiner Kinder unterwegs. Wenn du feststellst, dass andere Christen auf dieser Erde noch nicht vollkommen sind, ist es nicht der geeignete Augenblick, sie zu kritisieren oder abzulehnen. Jetzt ist es an der Zeit, die anderen in Liebe anzunehmen – genauso, wie du selbst angenommen werden willst.

Es ist nichts Geringes, Teil des oikos Gottes sein zu dürfen. Vor zwei Tagen haben wir gelesen: *Darum kann das Auge nicht zur Hand sagen: „Ich brauche dich nicht!" Und der Kopf kann nicht zu den Füßen sagen: „Ihr seid überflüssig!" (1. Korinther 12,21).* Mach dir bewusst, welchen Wert deine Brüder und Schwestern in der Hausgruppe und der Gemeinde haben und sei bereit, sie in guter und angemessener Weise mitzutragen.

49

Foto: Mella / Quelle PHOTOCASE

Anregung für dein Gebet

Danke Jesus für die Menschen, die dich in das Reich Gottes hineingeliebt haben und die für dein geistliches Leben wichtig sind – auch wenn sie ganz anders sind als du selbst.

SOHN UND DIENER

Matthäus 12,18 + 14,1-2 | 1. Johannes 4,13+17

Heute werden wir uns bei unserem Bibelstudium mit einem Wort befassen, das uns eine interessante Wahrheit zeigt. Dieses Wort heißt „pais", es ist das griechische Wort, das die Bibel für „Kind", „Sohn" oder „Diener" verwendet (vgl. Matthäus 17,18). Wenn du ein pais Gottes bist, bist du ein Kind oder ein Sohn Gottes.

Das Wort pais beschreibt die Beziehung des Vaters zu seinem Kind. Es drückt aus, dass unsere Identität als Christ in erster Linie in unserer Kindschaft besteht.

Lass uns nun einen Blick auf eine weitere Bedeutung dieses Wortes werfen und wir werden eine wichtige Wahrheit erkennen. Sieh dir Matthäus 14,1-2 an. Auch hier steht das Wort pais. Doch an dieser Stelle wird es mit einem ganz anderen Wort übersetzt – einem unerwarteten Wort: *Herodes, der Herrscher über Galiläa … sagte zu seinen Dienern …* Das Wort pais wird hier mit „Diener" übersetzt. Zum einen bedeutet das Wort also Kind oder Sohn, zum anderen Diener. Alle drei Bedeutungen sind austauschbar.

Wenn wir Kinder Gottes sind, werden wir dadurch automatisch immer auch zu seinen Dienern. Jesus, der Sohn, war Jesus, der Diener. In Matthäus 12,18 wird Jesus als Knecht bezeichnet: *Dies ist mein Knecht, den ich erwählt habe. Ich liebe ihn und freue mich über ihn*. Ein Sohn zu sein bedeutet, ein Diener zu sein. Es war das Wesen Jesu, des Sohnes Gottes, ein Diener zu sein – und das gilt genauso für uns. Unsere Kindschaft macht uns zu Dienern unseres Herrn, denn wenn sein Geist in uns lebt, wird unser Wesen auch seinem Wesen entsprechen. Der Lebensstil im Reich Gottes ist der des Dienens – und es gibt keinerlei Alternative dazu.

51

Anregung für dein Gebet

Preise deinen himmlischen Vater, dass du sowohl sein Kind wie auch sein Diener bist. Bitte ihn um Hilfe, das zu sehen, was getan werden muss, und es dann als Mitglied seines Haushalts zu tun.

VERWALTER = OIKONOMOS

Lukas 12,42 | 1. Korinther 4,1-2 | 1. Petrus 4,10 | Maleachi 3,8

Da wir in unserem Leben im Reich Gottes Diener sind, bedeutet es auch, dass wir eine neue Denkweise in Bezug auf unsere materiellen Güter lernen sollen. Das griechische Wort „oikonomos" gehört zum Wortstamm „oikos". Wenn wir uns mit den Bedeutungen dieses Begriffs befassen, entdecken wir, was es heißt, ein Diener Gottes zu sein.

Oikonomos wird in Lukas 12,42 mit „Verwalter" übersetzt. Es bezeichnet eine Person, die vom Herrn speziell dafür eingesetzt wurde, sich um die anderen Diener im Haushalt zu kümmern und

52

©iStockphoto.com/jirijura

sie zu versorgen. Ein Verwalter ist zum Beispiel dazu da, die anderen Diener *zu jeder Zeit mit allem Nötigen zu versorgen*. Selbstverständlich verwendet er dafür nicht seine eigenen Ressourcen. Die Quelle, die ihm dafür zur Verfügung steht, ist das, was ihm sein Herr zu diesem Zweck anvertraut hat. Er kann nichts austeilen, was ihm der Herr nicht zuvor bereitgestellt hat. Im Reich Gottes dienen wir in dem Bewusstsein, dass wir alle Mittel, die wir besitzen, vom Herrn erhalten haben. Er hat sie uns gegeben, damit wir sie in angemessener Weise an andere weitergeben.

Als pais – Sohn und Diener Gottes – zu dienen, ist eine große Verantwortung. Deshalb müssen wir als Christen sensibel dafür werden, welche Person in unserem Umfeld gerade welche Form von geistlicher oder natürlicher Versorgung benötigt. Das bedeutet, wir müssen eine enge Beziehung zu den Menschen entwickeln, die wir versorgen dürfen.

53

Wenn wir als Verwalter im Reich Gottes dienen, ist es wichtig zu erkennen, unsere Güter, unser Geld, unser Eigentum und sogar unsere Zeit, gehört in Wirklichkeit dem Herrn. Es sind Gaben, die er uns anvertraut hat, damit wir sie in seinem Sinne weise einsetzen und *austeilen* (vgl. 1. Petrus 4,10).

Anregung für dein Gebet

Danke Gott für deinen Besitz und frage ihn, wie du ganz praktisch andere Menschen dadurch segnen kannst.

AUFBAU = OIKODOMEO

Römer 15,2 | 1. Korinther 14,26

Das Wort „oikodomeo" wird mit „aufbauen" übersetzt. In einigen Bibelstellen bezieht sich das Wort auf den Bau eines Gebäudes. In anderen Stellen, darunter auch den beiden oben genannten, geht es darum, unsere Mitchristen aufzubauen, indem wir sie beispielsweise ermutigen, trösten oder lehren. Wir dienen unserem Herrn dadurch, dass wir andere Menschen ermutigen und stärken (vgl. Römer 15,2).

Gott sehnt sich danach, dich durch die anderen Mitglieder deiner Hausgruppe aufzubauen. Ein geistlicher Leiter sagte mir dazu einmal: „Als ich ein junger Christ war, hat mir niemand davon erzählt. Mir wurde nur gesagt, ich solle in meine „geheime Kammer" gehen, um dort meine „Stille Zeit" mit dem Herrn zu verbringen. Nur

Gott und ich – sonst niemand. Ich bin einerseits froh, dass man mich dies gelehrt hat. Aber es gab niemanden, der mir gesagt hat, dass Gott auch durch andere Christen zu mir sprechen will, die mir helfen oder mich auferbauen.

Als ich mein Elternhaus verließ, um zu studieren, habe ich mein Leben so gelebt, dass es dem Reich Gottes Schande machte. Eines Tages fiel ich auf den Stufen meines Wohnheims in Ohnmacht. Ein älterer Kommilitone nahm mich zu sich auf sein Zimmer, legte mich auf sein Bett und redete einige sehr klare Worte mit mir. Das war der Wendepunkt in meinem Leben. Es war das erste Mal, dass mich jemand aus der Familie Gottes auferbaute. Er gab mir durch seine Worte „oikodomeo" und Jesus berührte dadurch mein Leben. Der Heilige Geist floss durch sein Reden, um mich zu reinigen, zu korrigieren und zu ermutigen."

55

In unserer Gesellschaft und leider auch unter den Christen, leiden sehr viele Menschen unter Einsamkeit. Von sich aus schaffen sie es nicht, aus diesem Dilemma heraus zu kommen. Jesus will, dass wir einander helfen und uns ermutigen. Der Sinn und Zweck einer Hausgruppe besteht auch darin, dass die Mitglieder auferbaut werden

Anregung für dein Gebet

Danke Gott für die Menschen, die er gebraucht, um dich zu ermutigen. Bitte den Vater, dass er auch dich immer mehr dazu gebraucht, für andere in Not das Gleiche zu tun.

DIE STIMME IN DEINEM INNEREN

Johannes 14,15-26 | Johannes 16,5-15

Hast du in deinem Leben als Christ bereits einige Hochs und Tiefs durchgemacht? Hast du zu deinem Erschrecken festgestellt, dass du noch tief in alten Angewohnheiten und Denkmustern verstrickt bist? Hast du in deinem Inneren eine Stimme gehört, die dir einreden wollte: du bist nicht gut genug für das Reich Gottes, du schaffst es nie, du bleibst immer in deinen alten Verhaltensweisen hängen usw.? Wenn dem so ist, hast du die Stimme des Teufels gehört. Er würde nichts lieber sehen, als wenn du dein neues Leben entmutigt aufgibst.

Es gibt aber noch eine andere Stimme, die in deinem Inneren zu dir spricht. Es ist eine Stimme, die dir sagt: „Dein Leben braucht nicht länger eine Achterbahn zu sein. Ich habe eine Lösung für dein Problem. Lass mich dir helfen!" Als du Jesus als deinen Herrn und Retter im Gebet annahmst, empfingst du seinen Heiligen Geist, der seitdem in dir „wohnt". Er ist in deinem Leben gegenwärtig und möchte es immer mehr prägen und das Wesen Jesu in dir zum Ausdruck bringen. Der griechische Begriff „parakletos", mit dem der Heilige Geist beschrieben wird, bringt dies zum Ausdruck. Es bedeutet: „Der zur Hilfe Herbei-gerufene".

Wenn du mit Christen in Kontakt kommst, die negativ oder ab-fällig über den Heiligen Geist reden, ihn als unwichtig darstellen oder behaupten, dass man den Heiligen Geist heute nicht mehr braucht, solltest du den Kontakt zu diesen Menschen meiden.

Der Heilige Geist ist für ein Leben nach dem Herzen Gottes von unverzichtbarer Bedeutung. Es ist der Geist Jesu und er ist eine Person – die dritte Person der Dreieinigkeit – und ebenso wichtig und bedeutend wie der Vater und der Sohn. Ohne den Beistand des Heiligen Geistes wird kein Christ ein siegreiches Leben führen können.

Anregung für dein Gebet

Bitte Gott, dass er dich für die Stimme des Heiligen Geistes sensibel macht und dir hilft, stets auf alles zu reagieren, was er dir sagt.

VERHALTEN GEGENÜBER DEM HEILIGEN GEIST

Galater 5,16-26 | Johannes 7,37-39

Die Bibel sagt uns, dass Menschen unterschiedlich auf die Gegenwart des Heiligen Geistes reagieren. Unser Verhalten dem Geist Gottes gegenüber hat für unser Leben als Christ äußerst weitreichende Konsequenzen. Er wird sich uns nicht aufdrängen, uns zu etwas zwingen oder nötigen, sondern darauf warten, bis wir ihm in unserem Leben Freiraum geben. Deshalb prüfe, welcher der folgenden Punkte in deinem Leben zutrifft.

Du kannst dem Heiligen Geist **widerstehen**. In Apostelgeschichte 7,51 lesen wir von Menschen, die zwar alle religiösen Formen äußerlich erfüllten, sich aber für die Leitung des Heiligen Geistes verschlossen hatten. Jedes Mal, wenn wir klar sein Reden in unserem Inneren vernehmen und dann nicht auf seine Stimme reagieren, widerstehen wir ihm.

Du kannst den Heiligen Geist **betrüben**. In Epheser 4,30-32 können wir sehen, dass wir den in uns wohnenden Heiligen Geist betrüben, wenn wir Bitterkeit, Zorn, Ärger, Geschrei, Lästerung, Hass, Missgunst oder ähnlichen Dingen in unserem Herzen Raum geben.

Du kannst den Heiligen Geist **auslöschen**. In 1. Thessalonicher 5,19 werden wir gewarnt: *Lasst den Geist Gottes ungehindert wirken!* Es ist sehr traurig, wenn wir dem Wirken des Heiligen Geistes keinen Freiraum geben und ihm nicht ermöglichen, in unserem Leben zu wirken. Die Folgen für die betroffene Person sind tragisch.

Du kannst mit dem Heiligen Geist **erfüllt sein**. Das Wort, das in Epheser 5,18 für *mit dem Geist erfüllt sein* verwendet wird, ist in der Verlaufsform eingesetzt. Das bedeutet, dass es sich um einen beständigen und anhaltenden Vorgang handelt. Paulus sagt hier also: *Seid erfüllt – und erfüllt – und erfüllt mit dem Geist*.

Anregung für dein Gebet

Herr, ich verstehe, dass du mir den Heiligen Geist gegeben hast, damit er mir hilft, ein Leben gemäß deinen Vorstellungen zu leben. Ich öffne mein Herz für das Wirken des Heiligen Geistes und erlaube ihm, zu mir zu sprechen, mich zu leiten, mich zu lehren und mein Leben immer mehr zu erfüllen.

MIT DEM HEILIGEN GEIST ERFÜLLT WERDEN

Lukas 11,11-13 | Apostelgeschichte 9,17

Ein Schüler wurde im Physikunterricht aufgefordert, ein 1-Liter-Gefäß randvoll mit Wasser zu füllen. Danach schüttete der Lehrer ½ Liter Sand in das Glas. Natürlich lief das Wasser im Glas über und bildete eine große Pfütze. So lernten die Kinder das Gesetz der Verdrängung. Dieses Gesetz besagt, dass zwei Stoffe nicht gleichzeitig den selben Raum einnehmen können.

Wenn wir Gott bitten, mit dem Heiligen Geist erfüllt zu werden, müssen wir uns zunächst selbst prüfen. Solange unser Herz und unser Denken noch mit Ungehorsam, Unglauben, Zynismus,

Foto: inkje / Quelle PHOTOCASE

Bitterkeit u. a. gefüllt ist, wird nur wenig Raum für den Heiligen Geist sein, der in unserem Leben herrschen will. Das bedeutet also, dass wir, um erfüllt werden zu können, uns zunächst ausleeren müssen. Wenn das geschieht, hat der Heilige Geist in uns Raum, um ihn mit seiner Gegenwart zu füllen.

Tausende von Gläubigen leben im Reich Gottes, ohne jemals mit dem Heiligen Geist erfüllt worden zu sein. Das sind diejenigen, die ihre Füße fest in den Boden gegraben und die sich geschworen haben: „Bis hierher fühle ich mich noch wohl im Reich Gottes. Weiter gehe ich nicht. Ich werde nüchtern sein. Ich werde die Kontrolle über mein Leben selbst in der Hand behalten!" Sehr oft werden sich diese Personen uralte Lehrmeinungen heraussuchen, die sie in ihrer Weigerung bestärken. Sie legen ihr eigenes Selbst nicht vollständig vor Gott nieder und kommen so niemals in die tieferen Wahrheiten Gottes hinein.

In der Apostelgeschichte finden wir eine Reihe von gleichbedeutenden Begriffen für diese Erfahrung:

Erfüllt werden mit dem Heiligen Geist *(Apostelgeschichte 2,4)*.
Getauft (baptizo) werden im Heiligen Geist *(Apostelgeschichte 1,5; 11,16)*.
Den Heiligen Geist **empfangen** *(Apostelgeschichte 8,15+17)*.
Der Heilige Geist **fällt** auf jemanden *(Apostelgeschichte 8,16; 11,15)*.
Der Heilige Geist **kommt** auf jemanden *(Apostelgeschichte 19,6)*.

61

Anregung für dein Gebet

Bitte deinen himmlischen Vater, dass er dir hilft, ihm alle Bereiche deines Lebens zu übergeben, damit er dich mit seinem Heiligen Geist ganz erfüllt.

DIE TAUFE IM HEILIGEN GEIST

Lukas 11,9-13 | Apostelgeschichte 8,14-17 | Apostelgeschichte 19,1-7

Bei der Taufe im Heiligen Geist geht es darum, Kraft zu erhalten, um ein dem Herrn wohlgefälliges Leben als Christ führen und effektiv Zeuge Jesu sein zu können. Es geht nicht darum, besser zu sein als andere Christen oder eine Art besondere geistliche Auszeichnung zu erhalten.

Die Taufe im Heiligen Geist oder die Erfüllung mit dem Heiligen Geist ist eine geistliche und keine emotionelle Erfahrung. Du wendest dich im Glauben an deinen himmlischen Vater und bittest ihn darum. Verlasse dich nicht auf deine Gefühle. Vielleicht fühlst du etwas, vielleicht auch nicht, wichtig ist, dass du es aktiv im Glauben ergreifst.

Foto: Photo.Karo / Quelle PHOTOCASE

In der Apostelgeschichte geht die Erfüllung mit dem Heiligen Geist in der Regel mit der geistlichen Gabe des Sprechens in anderen oder neuen Sprachen einher. Es handelt sich um eine dem Sprecher unbekannte Sprache, die aus dem Geist „herausfließt". Dabei hat der Sprecher fast ausnahmslos die persönliche Entscheidungsfreiheit darüber, ob er in dieser Weise sprechen oder beten möchte oder nicht. Das Sprechen in anderen Zungen als direkte Folge der Geistestaufe wird in der Apostelgeschichte an drei Stellen erwähnt (2,4; 10,44-47; 19,6).

Nach 1. Korinther 14,5 ist es Gottes Wille, dass jeder Gläubige in Sprachen beten sollte: *Ich will schon, dass ihr alle in unbekannten Sprachen redet*. Der Sinn des Betens in anderen Sprachen liegt in erster Linie darin, unseren eigenen Glauben zu stärken (1. Korinther 14,4; Judas 20).

Bitte einen anderen Christen, dem du vertraust und von dem du weißt, dass er mit dem Geist der Wahrheit gefüllt ist, für dich zu beten, wenn du mit dem Heiligen Geist erfüllt werden möchtest. Denke daran, niemand, der dir die Hände auflegt, verfügt über eine besondere Kraft. Menschen sind wie Kanäle, durch die die Kraft Gottes fließt. Das Gebet um die Erfüllung mit dem Heiligen Geist setzt das frei, was bereits in dir ist, vergleichbar mit dem Öffnen einer Quelle. Es handelt sich um eine Erfüllung von innen, in deinem inwendigen Menschen.

Anregung für dein Gebet

Himmlischer Vater, ich danke dir, dass Jesus mir die Erfüllung mit dem Heiligen Geist verheißen hat. Öffne in mir diese Quelle und diesen Segensstrom. Ich nehme diese Zusage jetzt für mich in Anspruch und öffne mich für dein Wirken. Ich bitte dich um die Taufe im Heiligen Geist.

DIE GABEN DES GEISTES – TEIL 1

1. Korinther 12,1-11

Einer der Hauptgründe, weshalb wir uns danach ausstrecken sollten, mit dem Heiligen Geist erfüllt zu sein, besteht darin, dass wir
anderen Menschen in weitaus größerem Umfang dienen können, wenn die Kraft Gottes durch uns fließt. Gott will durch dich
und mich in der natürlichen Welt übernatürlich wirken. Die Bibel
spricht von Geistesgaben. Im Originaltext werden verschiedene
Worte verwendet, um das Wirken des Heiligen Geistes zu be-
schreiben. In Vers 1 und 4 des oben genannten Abschnittes werden sie als *Gaben* bezeichnet. In Vers 6 und an anderen Stellen
steht *Wirkungen* und in manchen Bibelübersetzungen *Kräfte*.

Diese übernatürlichen Kräfte gehen vom Heiligen Geist aus. Nichtchristen stehen sie nicht zur Verfügung. Ein Christ kann nicht beliebig darüber verfügen und von sich aus entscheiden, ob oder wann er sie einsetzen will. Der Heilige Geist lässt seine Kraft nach seinem eigenen Willen, seinem Zeitplan und seinen Vorstellungen durch uns fließen. Das Werk des Heiligen Geistes geschieht dabei sowohl in uns, als auch durch uns. Die Gaben sollen zum Nutzen und für das Wachstum des Leibes Jesu eingesetzt werden. Deshalb wundere dich nicht, wenn in deiner Hausgruppe großer Wert darauf gelegt wird, dass jeder Einzelne sich daran beteiligt, andere aufzubauen (oikodomeo), und er die Geistesgaben einsetzt.

Mach dir keine Gedanken darüber, ob der Heilige Geist dir die eine oder die andere Gabe anvertraut. Entspann dich! Genieße die Gemeinschaft mit ihm. Deine Bereitschaft, sich von ihm gebrauchen zu lassen um sein Werk zu tun, wird er zu gegebener Zeit nutzen. Im Laufe der Zeit wirst du herausfinden, wie der Herr dich einsetzen möchte. Es wird optimal zu deiner Persönlichkeit und deinen Fähigkeiten passen. Wenn du mit dem Heiligen Geist erfüllt bist wirst du feststellen, dass du von ganz allein anfängst, anderen zu dienen.

Anregung für dein Gebet

Danke Gott für seine übernatürliche Kraft, die dich fähig macht, anderen zu dienen. Bitte ihn, dass er die Gnadengaben durch den Heiligen Geist in deinem Leben freisetzt.

DIE GABEN DES GEISTES – TEIL 2

1. Korinther 12,31 -14,1

Du kannst dir die Gaben des Heiligen Geistes wie „geistliche Kanäle" vorstellen, die Gott verwendet, um seinen Liebesstrom von sich aus – durch dich – zu anderen Menschen hinfließen zu lassen. Paulus erklärt in dem oben angegebenen Text, dass geistliche Gaben wertlos sind, wenn wir sie lediglich theoretisch erfassen, und sie nicht gemäß ihrer Bestimmung zur Auferbauung der Anderen anwenden. Deshalb müssen wir unser Augenmerk auf den Einsatz und die Auswirkungen der Gaben richten, nicht darauf, sie wie eine Art geistliche Medaille zu besitzen.

In 1. Korinther 14,1 lesen wir: *Die Liebe soll euer höchstes Ziel sein. Strebt nach den Gaben, die der Geist Gottes gibt.* Diese biblische Aufforderung gibt uns eine Grundlage, von der aus wir den Ursprung aller geistlichen Gaben beurteilen können. Bisweilen kommt es vor, dass ihr Gebrauch spektakulär oder

erschütternd sein mag, und manche Christen stehen in der Gefahr, die Personen, die die Gaben ausüben, als Superchristen zu betrachten. Doch das wichtigste Kriterium, nach dem wir den Gebrauch der Geistesgaben beurteilen müssen, ist die Motivation, die hinter diesen Gaben steht. Wenn die Motivation Liebe ist, können wir sicher sein, dass sie von unserem Herrn kommt. Wenn nicht, ist es notwendig, die Quelle zu hinterfragen. In 1. Korinther 14,29 werden wir aufgefordert, darüber zu urteilen, was gesagt wurde. Die Unterweisung, die Paulus uns in Kapitel 13 gibt, zeigt ganz eindeutig, dass alle Gaben aus der Liebe heraus entspringen. Wenn es nicht aus Liebe geschieht, stimmt in der Regel etwas nicht.

Das Wort für Liebe, das an dieser Stelle im Original verwendet wird, ist *agape*. Das Wort bezeichnet Liebe, die aus dem Wesen der Person entspringt, die liebt, nicht aus der Schönheit oder Liebenswürdigkeit der Person, die die Liebe empfängt. In deiner Hausgruppe kann es Menschen mit bestimmten Problemen geben, die dir nicht gefallen.

67

Wenn du keine Liebe hast, ist es im Prinzip auch unmöglich, dass die Gaben durch dich fließen. Denn die erste Voraussetzung, um ein Kanal für die Gnadengaben Gottes zu sein, besteht darin, Agape-Liebe für andere zu empfinden.

Anregung für dein Gebet

Herr hilf mir, die zu lieben, die sonst keiner liebt, und in der Schule, an der Uni oder auf der Arbeit mit denen Freundschaft zu schließen, die am dringendsten darauf angewiesen sind.

DIE GABEN DES GEISTES – TEIL 3

1. Korinther 14,1-5 +12 + 24-26

Im oben genannten Kapitel bemühte sich Paulus darum, ein Problem zu lösen, das im Leben der Gemeinde von Korinth aufgetaucht war. Die Menschen kamen in ihren Hausgruppen zusammen, aber es mangelte an Agape-Liebe. In 1. Korinther 11,20-30 sprach er über die mangelnde Fürsorge der einzelnen Glieder untereinander.

Wenn die Gaben nicht dazu eingesetzt werden, einander aufzubauen (oikodomeo), besteht leicht die Gefahr, dass sie missbraucht werden. Wir müssen deshalb verstehen, dass die Gaben dazu da sind, alle Gläubigen im Dienst zu beteiligen. Die Gemeinde in Korinth hatte das nicht verstanden. Besonders eine der

Gaben wurde nicht richtig eingesetzt, die Gabe der Sprachenrede.
Paulus hat niemals das Sprechen in anderen Sprachen untersagt
(1. Korinther 14,5+39), doch er war beunruhigt darüber, dass diese Gabe gebraucht wurde, ohne dabei den Leib Jesu als Ganzes
aufzuerbauen. Im Unterschied zu den anderen Gaben soll die im
Rahmen der Gemeinde öffentlich gegebene Sprachenrede ausgelegt (erklärt) werden, im Gegensatz zum persönlichen Gebet in
anderen Sprachen, das nicht ausgelegt (erklärt) werden muss.

Eine andere Gabe, die prophetische Rede, ist ebenfalls äußerst
wertvoll. Das hebräische Wort für Prophet im Alten Testament
bedeutet wörtlich „Mundstück" oder „Sprachrohr". Der Geist kam
auf einen Propheten und dieser sprach das aus, was Gott ihm
gegeben hatte. Oft handelte es sich um Vorhersagen, die sich
auf eine weit entfernte Zukunft bezogen. Die Bibel, Gottes Wort,
wurde von Menschen durch die Gabe der Prophetie geschrieben. Auch heute noch werden zukünftige Ereignisse prophetisch
vorhergesagt.

Doch Prophetie hat noch eine weitere Bedeutung. Wenn wir uns
1. Korinther 14,3 und 26 genau ansehen, können wir erkennen,
dass sie als ein weiter gefasster Begriff für alle Gaben verwendet
wird, die stärken, ermutigen und trösten. Jeder einzelne Christ ist
berufen, geistliche Gaben zur Auferbauung Anderer einzusetzen.
Jeder von uns hat etwas zu geben. Unsere Berufung als „pais"
(Sohn/Diener) ist es, anderen Menschen Agape-Liebe zu schenken und immer mehr zu Kanälen der Gnade Gottes zu werden.

Anregung für dein Gebet

*Danke, Herr, für deine geistlichen Gaben. Hilf mir, Schritte im
Glauben zu machen und sie in Liebe einzusetzen. Lass mich
immer im Blick behalten, dass Liebe die wichtigste Grundlage
für den Gebrauch aller Gaben ist.*

DEIN PERSÖNLICHER RAUM ZUM ZUHÖREN

Galater 2,20 | Johannes 17,25-26 | 1. Korinther 3,16-17

Im Reich Gottes benötigst du etwas, was ich einen „Raum zum Zuhören" nennen möchte. Dieser Raum ist kein Zimmer in einem Gebäude, sondern ein Herzenszustand, eine Haltungssache, mitten in deinem Alltag. Ich bezeichne damit den Zustand, in dem du nicht nur zu Gott sprichst, sondern auch in der Lage bist, von ihm zu hören.

Ein „pais", also Sohn oder Diener, dient erst dann, wenn er Anweisungen erhalten hat. Wir müssen es deshalb zu unserer obersten Priorität machen, auf die Anweisungen Gottes zu hören, und zwar sowohl für unsere eigenen Bedürfnisse als auch für die Nöte anderer. Gebet ist viel mehr als lediglich eine einseitige Konversation, in der du mit Gott redest. Es gehört genauso dazu, dass du ihn hörst und ihm zuhörst.

Foto: madochab / Quelle PHOTOCASE

Wo ist Gott, wenn du Gemeinschaft mit ihm hast? Ist er weit entfernt, thront über dem Universum und hört dich irgendwo aus dem Weltall? Nein! In Galater 2,20 lesen wir: *Christus lebt in mir*. Die Gegenwart Gottes ist nicht „irgendwo da draußen", sondern tief in deinem Inneren. Der Geist Gottes hat in dir Wohnung bezogen. Der Herr wohnt im Himmel – und gleichzeitig in jedem einzelnen Gläubigen. Deshalb ist die Gemeinschaft mit ihm sehr persönlich. Er ist der Freund, der *mehr zu dir steht als ein Bruder. (Sprüche 18,24)*. Wohin immer du auch gehst, er ist bei dir und spricht zu dir.

Manche Christen wissen nicht, wie sie seine Stimme hören können. Doch um in unserem Leben göttliche Führung zu empfangen und anderen effektiv zu dienen, ist es entscheidend, dass wir seine Stimme erkennen, wenn er zu uns spricht. Es gibt für dich keinen wichtigeren Ort als deinen ganz persönlichen Raum zum Zuhören.

Ein bekannter geistlicher Leiter, Dr. A. W. Tozer, schrieb dazu: „Gott ist Geist, und einzig und allein der Geist des Menschen kann ihn wirklich erkennen. Das Feuer muss tief im Geist eines Menschen brennen, sonst ist seine Liebe keine echte Liebe."

Anregung für dein Gebet

Herr, hilf mir zu erkennen, dass du in mir lebst, und dass dein Heiliger Geist mich jeden Tag leiten möchte, das zu tun, was dir wohlgefällig ist.

DIE STIMME GOTTES HÖREN TEIL 1

Lukas 5,16; 6,12; 21,37; 22,39-46

Die oben genannten Bibelstellen befassen sich alle mit einer wichtigen Gewohnheit im Leben unseres Herrn. In Lukas 6,12 sehen wir, wie Jesus am Anfang seines Dienstes stand und einige folgenschwere Entscheidungen treffen musste. Der Sohn Gottes stand davor, seine Jünger zu berufen, also seine „Hausgruppe" zusammenzustellen. Unser Herr startete seinen Dienst mit zwölf Männern, die alle noch ihre deutlichen Macken hatten. Ehe er seine Auswahl traf, verbrachte er eine ganze Nacht im „Raum des Zuhörens". Er traf seine Wahl erst, nachdem er vom Vater gehört hatte.

In Lukas 21,37 finden wir Jesus, wie er am Ende seines Dienstes steht. Tagsüber war er damit beschäftigt, im Tempel wichtige Dinge zu lehren, doch nachts zog er sich stets in seinen „Raum des Zuhörens" auf dem Ölberg zurück. Das entsprach seiner Gewohnheit. Wenn Jesus einen Raum zum Zuhören brauchte, so benötigen wir ganz sicher ebenfalls einen.

Wichtig ist, dass wir uns Zeit dafür nehmen. Der Geist Gottes kann zu deinem Verstand und deinem **Denken** sprechen, indem er dir beispielsweise Erkenntnis oder eine Idee in einer bestimmten Situation gibt. Er kann zu deinen **Gefühlen** sprechen, wenn du beispielsweise tiefes Erbarmen mit einem leidenden Menschen empfindest oder wenn dir ungemütlich wird, weil er dich über-führt, wenn du versucht bist, zu sündigen. Er kann auch zu dei-nem **Willen** sprechen, indem er dich dazu aufruft, das zu tun, was jetzt notwendig und am besten ist. Und natürlich kann er zu deinem Geist sprechen, indem er dir Frieden gibt, wenn du beun-ruhigt bist – oder er dich beunruhigt, wenn du gerade in einem vermeintlichen Frieden lebst.

Einer Sache kannst du dir ganz sicher sein: Wenn du dir Zeit nimmst und mit deinem Herrn Gemeinschaft hast, wirst du nach einiger Zeit seine Stimme hören. Richte deine Prioritäten dement-sprechend ein. Gib nicht nicht vorschnell auf, sondern nimm dir Zeit und bleib dran.

73

Anregung für dein Gebet

Lieber Herr, heute werde ich versuchen, wenig zu sprechen und stattdessen auf deine leise Stimme in meinem Inneren zu hören. Sprich auch zu mir durch dein Wort, wenn ich es lese und darüber nachdenke.

DIE STIMME GOTTES HÖREN
TEIL 2
1. Petrus 1,10-12 + 16-20 | Matthäus 22,29

Wie kannst du prüfen, ob das, was du im „Raum des Zuhörens"
vernimmst, wirklich vom Geist Gottes stammt und nicht beispielsweise deinem eigenen Denken entspringt? Der wichtigste Fak-
tor, um dies zu überprüfen, ist das geschriebene Wort Gottes, die
Bibel.

Der Heilige Geist, der in dir lebt, hat ebenso in den Autoren der Bibel gelebt und diese vor vielen Jahrhunderten dazu inspiriert, das
aufzuschreiben, was Gott uns Menschen mitteilen wollte. Die Bibel
sagt dazu: *Gott ließ sie (die Propheten) wissen, dass diese Offenbarun-*
gen nicht ihnen selbst galten, sondern euch … (1. Petrus 1,12).
Die Bibel ist das Grundlegendste und Wichtigste, was Gott uns

mitzuteilen hat – und deshalb sollte sie auch in deinem Leben einen entscheidenden Stellenwert einnehmen. Wenn du Zeit im Raum zum Zuhören verbringst, musst du die Bibel immer mit einbeziehen. Da unser Herr der Urheber der Bibel ist, werden die Worte, die er zu dir persönlich spricht, niemals seinem geschriebenen Wort widersprechen. Es wird immer eine enge Beziehung zwischen dem geben, was die Bibel sagt, und dem, was du in deinem Inneren vernimmst, wenn du auf die Stimme des Heiligen Geistes hörst. Die von dir gehörte Stimme Gottes muss grundsätzlich durch die Heilige Schrift geprüft und bestätigt werden.

Hier möchte ich dir einige Bibelstellen geben, über die es sich nachzudenken lohnt: Römer 15,4; 2. Timotheus 3,15; Lukas 24,27+32.

Jeden Gedanken, der nicht mit der Lehre der Bibel in Einklang zu bringen ist, solltest du sofort zurückweisen. Wir nehmen die inspirierte Wahrheit der Heiligen Schrift auf, wenn wir sie lesen. Der Heilige Geist spricht zu deinem Herzen und gibt dir seine Gedanken und Ideen direkt ein.

Anregung für dein Gebet

Himmlischer Vater, danke für dein Wort. Danke, dass ich mir sicher sein kann, dass du deinem Wort niemals widersprechen wirst, wenn du zu mir redest. Hilf mir, dein Wort zu studieren und es in meinem Leben umzusetzen.

DIE STIMME GOTTES HÖREN
TEIL 3
Lukas 10,38-42 | Römer 12,11

Unser Wertesystem kann dazu führen, dass wir auf die gleiche Situation sehr unterschiedlich reagieren. Martha hielt ihren praktischen Dienst für Jesus für das Wichtigste. Für Maria hingegen war es wichtiger, einfach bei Jesus zu sein.

Foto: AllzweckJack / Quelle PHOTOCASE

Wenn in unserem Leben der praktische Dienst für den Herrn das Wichtigste wird, verliert unser Leben an Kraft. Wir werden dann zu einer Martha-Seele mit einer Haltung der Kritik anderen gegenüber, indem wir meinen, dass andere nicht so hart für den Herrn arbeiten wie wir selbst. Das ist eine falsche Haltung und wir müssen um Vergebung bitten (vgl. 1. Johannes 1,9).

Du und ich müssen uns stets vor Augen halten, dass Gott uns nicht auf Grund der Dinge, die wir tun, liebt und wertschätzt, sondern vielmehr auf Grund dessen, was wir sind. Jedes Mal, wenn wir etwas für ihn tun, und uns das davon abhält, bei ihm zu sein, sind wir wie Martha und stehen in Gefahr, das Eigentliche zu verpassen, das der Herr uns schenken will.

Dennoch ist es wichtig, für den Herrn aktiv zu sein. Wir sollen beides tun. In Römer 12,11 schreibt Paulus: *Bewältigt eure Aufgaben mit Fleiß, und werdet nicht nachlässig. Lasst euch ganz von Gottes Geist durchdringen, und dient Gott, dem Herrn*. Man könnte es auch anders ausdrücken: „Erlahmt nicht bei dem, was ihr für den Herrn tut, aber vernachlässigt gleichzeitig auch nicht den Raum des Zuhörens." Es ist unmöglich, das Werk des Herrn ohne seine Kraft und seine Hilfe zu tun.

77

Anregung für dein Gebet

Vater, mache mich zu einem Kanal für deinen Segen.
Mache mich fähig, von anderen höher als von mir selbst zu
denken. Hilf mir, heute jemand anderen zu ermutigen.

DIE STIMME GOTTES HÖREN TEIL 4

Römer 8,5-7; 8,27; 12,2

Lies die oben angeführten Bibelstellen bitte in der angegebenen Reihenfolge. Darin wird erklärt, dass der Heilige Geist unser Lehrer ist, der uns in *alle Wahrheit* führt. Wie wir festgestellt haben, wird der Heilige Geist niemals der Lehre der Bibel widersprechen, wenn er durch ein direktes Wort zu uns spricht.

Sobald wir die Bibel studieren, verbinden wir unseren Verstand und unsere Gedanken mit der Eingebung in unserem Herzen. Im Reich Gottes zu leben bedeutet nicht, dass wir unseren Verstand an den Nagel hängen können. Wir sollen sowohl

unseren Verstand wie auch unseren Geist gebrauchen, nicht entweder – oder. Dein Verstand ist dazu da, geistliche Offenbarung gedanklich zu verarbeiten und zu überprüfen, doch er ist nicht das Organ, das die Offenbarung empfängt. Das geschieht durch deinen Geist. Deshalb müssen dein Verstand und dein Geist zusammenarbeiten.

Geistliches Verständnis ist nichts Irrationales – es ist etwas Über-Rationales. Bevor du dich der Herrschaft Gottes unterstelltest, hatten die Mächte der Finsternis freie Hand, deinen Verstand und deinen Geist zu beherrschen und zu lenken (vgl. Römer 8,7; 1. Korinther 2,14). Das gilt aber jetzt nicht mehr. Dein Verstand und dein Geist sind nun in der Lage, mit dem Heiligen Geist zu kommunizieren, der dich in alle Wahrheit führen will.

In Hebräer 5,14 erfahren wir, dass wir durch beständige Übung und durch das Hören auf die Stimme des Heiligen Geistes immer mehr lernen, *Gut und Böse zu unterscheiden*. Gott spricht die ganze Zeit über zu dir. Solange du nicht gelernt hast, seine Stimme von deinen eigenen Gedanken zu unterscheiden, kann es durchaus sein, dass du seine Worte in die gleiche Gruppe wie deine eigenen Gedanken einordnest und gar nicht erkennst, was er zu dir sagte. Wenn du sich nicht sicher bist, aus welcher Quelle deine Gedanken entspringen, stelle dir einfach die Frage: „Verherrlicht dieser Gedanke Jesus? Stimmt er mit der Heiligen Schrift überein?"

Anregung für dein Gebet

Danke, dass du zu mir sprichst. Hilf mir, deine Stimme immer klarer und deutlicher zu hören und bestätige das, was ich höre, durch dein geschriebenes Wort, die Bibel.

80

WIE GEHT ES WEITER?

Lies die Bibel

Ich empfehle dir, von nun an die Bibel selbstständig zu lesen. Manches wird dir wahrscheinlich am Anfang noch schwer verständlich erscheinen, doch das sollte dich nicht davon abhalten, einfach treu weiterzulesen. Je mehr du dich mit der Bibel beschäftigst, desto mehr wird sich ihr Schatz dir offenbaren und desto leichter wird es dir fallen, sie zu verstehen. Lass dich nicht entmutigen.

Die Worte aber, die ich euch gesagt habe, sind aus Gottes Geist; deshalb bringen sie euch das Leben.
Johannes 6,63

Die Bibel ist kein Buch wie jedes andere.
Sie ist das lebendige Wort Gottes:

Beginne beim Lesen mit dem Evangelium von Matthäus. Am besten gewöhnst du dir an, an jedem Tag ein oder zwei Kapitel zu lesen. Tu das so lange, bis du das Neue Testament ganz durchgelesen hast. Wenn du mit dem Buch der Offenbarung das Ende des Neuen Testamentes erreicht hast, solltest du mit 1. Mose beginnen und auch das Alte Testament komplett durchlesen.

Wenn du in einer aktuellen Notsituation bist, empfiehlt es sich, in den Psalmen zu lesen. Sie wurden schon für Millionen von Menschen zum großen Trost in schwierigen Zeiten.

Gott kennen zu lernen braucht Zeit der Gemeinschaft mit ihm. Dazu ist das Lesen in seinem Wort unerlässlich. Nichts offenbart dir Gott verlässlicher und klarer. Persönliches Schriftstudium ist absolut notwendig. Je mehr du dich mit der Wahrheit Gottes füllst, desto mehr wird diese dein Denken und deine Sichtweise prägen.

 **TIPP**

Wenn du etwas nicht verstehst, kannst du mit einem Bleistift ein kleines Minus-Zeichen an den Rand daneben zeichnen. Wenn dir später – zum Beispiel beim erneuten Lesen dieses Verses – die Bedeutung klar geworden ist, kannst du das Minus einfach in ein Plus verwandeln. Schon mancher Christ hat erlebt, dass seine Bibel, anfänglich mit Minus-Zeichen gespickt, nach wenigen Jahren voller Plus-Zeichen war.

Entwickle dein persönliches Gespräch mit Gott

Ebenso wichtig ist dein Gebetsleben, die Zeiten, in denen du Gott anbetest, ihm deine Liebe ausdrückst, ihm für all das, was er für dich getan hat, dankst, Zeit mit ihm verbringst und ihm deine Anliegen vorträgst.

Wenn du reifer wirst, wirst du entdecken, dass Gebet kein Monolog von dir zu Gott ist, sondern ein echter Dialog. Er will in deinen Geist und dein Herz hinein reden.

Schreibe deine Gedanken auf

Ich möchte dir empfehlen, ein Tagebuch anzulegen. Darin kannst du alle Gedanken aufschreiben, die dir in den Sinn kommen. Später kannst du dann im Gebet das Geschriebene im Licht der Bibel noch einmal durchgehen und so lernen, zwischen deinen eigenen Gedanken und der Stimme Gottes immer klarer zu unterscheiden.

Suche Gemeinschaft mit anderen Kindern Gottes

Ich sage euch die Wahrheit: Wer meine Botschaft hört und an den glaubt, der mich gesandt hat, der wird ewig leben. Ihn wird das Urteil Gottes nicht treffen, denn er hat die Grenze vom Tod zum Leben schon überschritten.
Johannes 5,24

Auch die Gemeinschaft mit anderen Christen ist von größter Bedeutung für dich. Halte nach einer bibeltreuen, lebendigen Gemeinde in deiner Nähe Ausschau, einer Gemeinde, in der man dich freundlich aufnimmt, achtet und wertschätzt und vor allem auch persönliche Nähe entgegenbringt. Du solltest eine andere Gemeinde besuchen, in der du dich wohl fühlst. Lass dich durch niemanden unter Druck setzen, eine bestimmte Gemeinde oder Kirche besuchen zu müssen. Du brauchst ein Umfeld, in dem du wachsen und dich entfalten kannst. Ganz besonders freue ich mich natürlich, wenn du – vielleicht auch nur gelegentlich – unsere Gottesdienste in der Christus-Kathedrale im Missionswerk in Karlsruhe besuchst.

Achte auf die Dinge, mit denen du dich beschäftigst

In deinem Leben hat bereits der Prozess des geistlichen Heranwachsens und Verstehens begonnen. Es ist ein lebenslanger Vorgang, durch den du in deiner Beziehung zu Gott immer reifer wirst und ihn immer mehr erkennst. Vieles, was du zu Beginn noch nicht verstehst, wird sich dir im Laufe der nächsten Monate und Jahre erschließen und auf manche Fragen, die du jetzt hast, wist du schon bald Antworten erhalten.

Um dein geistliches Wachstum zu fördern, hält die Bibel eine äußerst hilfreiche Liste für dich bereit, die deutlich macht, welche Kriterien die Dinge von jetzt an erfüllen sollten, mit denen du dich beschäftigst:

Schließlich, meine lieben Brüder und Schwestern, orientiert euch an dem, was wahrhaftig, gut und gerecht, was redlich und liebenswert ist und einen guten Ruf hat, an dem, was auch bei euren Mitmenschen als Tugend gilt und Lob verdient.
Philipper 4,8

Lege diese Kriterien als Maßstab dafür an, welche Bücher und Zeitschriften du liest, welche Filme du ansiehst, welche

Internetseiten du besuchst usw. Es wird dein Herz bewahren und zum großen Segen für dich werden, wenn du diese Kriterien ernst nimmst. Der direkt davor stehende Vers macht deutlich, was Gott dadurch für dich bewirken möchte:

Und Gottes Friede, der all unser Verstehen übersteigt, wird eure Herzen und Gedanken im Glauben an Jesus Christus bewahren.
Philipper 4,7

 **TIPP**

Es gibt zahlreiche Bibelübersetzungen in deutsch. Wenn du noch wenig Erfahrung mit dem Bibellesen hast, empfehlen wir dir die Übersetzungen „Neues Leben" oder „Hoffnung für alle". Sie sind in sehr gut verständlichem heutigen Deutsch geschrieben. Die „Elberfelder Bibel" orientiert sich wesentlich stärker am Originaltext der Bibel und gilt vielen Christen als die beste deutsche Übersetzung. Auf jeden Fall solltest du dir eine neue Bibel besorgen, die dir gefällt und die du gerne in die Hand nimmst. Greife nicht zur uralten Familienbibel mit Frakturschrift, denn sonst könntest du die Lust am Lesen bald verlieren.

DU BIST WERTVOLL!

Ja, ich möchte mehr über das Missionswerk Karlsruhe erfahren

Gewünschtes einfach ankreuzen, Adressdaten ausfüllen und gleich absenden (Anschrift siehe Rückseite)

☐ **Ja,** senden Sie mir das Infopaket des
Missionswerkes zu

☐ **Ja,** senden Sie mir die monatliche Zeitschrift
„Der Weg zur Freude" kostenlos zu

☐ **Beten** Sie für mein Anliegen
(bitte auf der Rückseite eintragen)

☐ Bitte nehmen Sie telefonisch mit mir Kontakt auf

☐ Bitte nennen Sie mir den nächsten Termin
für den Alpha-Kurs

☐ Herr   ☐ Frau

_____
Vorname

_____
Name

_____
PLZ / Ort

_____
Straße, Nr.

_____
Geburtsdatum

_____
Telefon

_____
E-Mail

Mein Gebetsanliegen

Missionswerk Karlsruhe

Keßlerstr. 2-12
D-76185 Karlsruhe

RAUM FÜR DEINE GEDANKEN …

RAUM FÜR DEINE GEDANKEN …

Das Missionswerk, eine überkonfessionelle christliche Kirche und sozlale Stiftung, ist seit über 30 Jahren in Indien, Israel und Südafrika humanitär aktiv und trägt dadurch Hoffnung von Karlsruhe aus in die Welt. Der Leiter vom Missionswerk Karlsruhe, Daniel Müller, referierte 2008 vor 500 Führungskräften aus aller Welt zum 60. Geburtstag des Staates Israel vor der UNO über das friedliche Zusammenleben der Religionen und betonte die besondere Verantwortung Deutschlands für Israel.

Aber auch in Deutschland setzt sich das Missionswerk mehr und mehr im sozialen Bereich ein. Die Christus-Kathedrale vom Missionswerk Karlsruhe ist die größte Kirche in Karlsruhe und verfügt über 2.000 Sitzplätze. In den Gebetsnächten ist die Kathedrale bis auf den letzten Platz gefüllt. Besucher aus aller Welt kommen nach Karlsruhe oder nehmen durch den Live-Stream teil. Das Missionswerk hat sich zum Ziel gesetzt, die „Gute Nachricht" über unterschiedliche Medien national wie auch international zu verbreiten.

Das Missionswerk Karlsruhe hat sich als Ziel gesetzt, das Wort Gottes, die Inhalte der Bibel, in einer zeitgemäßen Form zu verbreiten mit Hilfe der Mittel, die uns heute zur Verfügung stehen. Ein eigenes TV-Studio produziert Sendungen, die bei TELE 5, SUPER RTL und anderen Anstalten jeden Monat Hunderttausende Menschen inspirieren und unterstützen. In den Gebetsnächten wird die Kraft des gemeinsamen Gebets der über 2.000 Kirchenbesucher eingesetzt. Über den Tausenden von Briefen, telefonisch und per E-Mail eingegangenen Gebetsanliegen und für die Anliegen der Anwesenden wird gebetet und der Glaube somit aktiviert, denn Gott erhört auch heute noch Gebet. Die Gottesdienste in der großen Christus-Kathedrale werden simultan in mehrere

Christus-Kathedrale
Willkommen beim Missionswerk

DAS MISSIONSWERK

Sprachen für die Besucher aus aller Welt übersetzt. Kinderbetreuung, gemeinsames Essen und andere Angebote zeigen, wie man christlichen Glauben im 21. Jahrhundert leben und vermitteln kann.

„Bei uns gibt es keine Ausgrenzung, keine Mitgliedschaften und keinen Zwang. Jeder ist willkommen, egal ob und wo er sonst in die Kirche geht!" meint Daniel Müller, der Leiter des Missionswerks in dritter Generation. „Im Sinne des Jakobusbriefs wollen wir aber nicht nur Hörer, sondern auch Täter des Wortes sein!" Aus diesem Grund hat Familie Müller schon vor langer Zeit die soziale Stiftung des Missionswerks ins Leben gerufen, die die christliche Verpflichtung zur Nächstenliebe im großen Stil in Taten umsetzt. Wenn man Daniel Müller bei diesem Resümee zuhört, spürt man, dass er noch viel vorhat!

Die soziale Arbeit des Missionswerks erschöpft sich aber nicht nur in 25.000 Mahlzeiten pro Tag für Bedürftige in Kalkutta, 46 Kindertagesstätten in Israel und Hilfe zur Selbsthilfe in Südafrika; auch „vor der eigenen Tür", hier in Karlsruhe, wird viel getan: Essensprogramme gegen Kinderarmut, Projekte für psychisch kranke Kinder und Besuche von alten und kranken Menschen in Heimen helfen dabei, den Geist und das Wort der Bibel in Taten für unsere Mitmenschen umzusetzen.

Gottesdienste jeden Sonntag 9:30 Uhr
auch im Live-Stream über die Webseite

Gruppenführungen durch das Missionswerk
möglich nach Vereinbarung

Missionswerk Karlsruhe
Keßlerstr. 2 – 12
76185 Karlsruhe
Telefon: +49 (0) 721 9 52 30-0
E-Mail: info@missionswerk.de

www.missionswerk.de

MISSIONSWERK KARLSRUHE
Überkonfessionelle christliche Kirche und soziale Stiftung

ES IST SO EINFACH ZU HELFEN !

PopUp – Berufsausbildung für Arbeitslose und Nothilfe für obdachlose Menschen in Pretoria.

Daniel und Isolde Müller besuchen in Südafrika PopUp – Hilfe zur Selbsthilfe.

Projekte in Südafrika …

Uns geht es gut, oder? – Kaum einer von uns muss sich am Morgen überlegen, wie wir heute unsere Kinder ernähren können. Und selbst unter ganz schlechten wirtschaftlichen Bedingungen ist es noch selbstverständlich, dass unsere Kinder zur Schule gehen und medizinisch versorgt werden. Das ist nicht überall so. Auf Reisen bin ich oft überwältigt von dem Elend und der unbeschreiblichen Armut, in der viele Menschen leben und ums blanke Überleben kämpfen.

Der Grad der Verwahrlosung und Entbehrung übersteigt für uns, die wir in privilegierten Verhältnissen aufgewachsen sind, fast unsere Vorstellungskraft. Weltweit leiden derzeit über 854 Millionen Menschen an Hunger und Unterernährung. Mehr als acht Millionen sterben pro Jahr an ihren Folgen, das heißt: Alle vier Sekunden stirbt ein Mensch, weil er nicht genug zu essen hat. Betroffen sind davon hauptsächlich Kinder. Und die Zahlen steigen. Mehr als 115 Millionen Kinder im Grundschulalter haben keinerlei Zugang zu Bildung, sie lernen weder lesen noch

Kernpunkt unserer Hilfe in Indien ist Bildung für Jungen, Mädchen und für Behinderte.

Eine kleine Patientin wird im Mercy-Krankenhaus in Kalkutta kostenlos behandelt.

schreiben und haben damit keine Chance, je dem Kreislauf des Elends zu entrinnen.

Was mich jedes Mal tief bewegt ist jedoch zu sehen, wie diese große Not durch einen kleinen Beitrag gelindert werden kann. 1975 begannen wir durch erste Patenschaften, Kindern in den Slums von Kalkutta zu helfen. Aus den Anfängen hat sich im Laufe der Jahre ein großes Sozialwerk entwickelt.

Hilfe zur Selbsthilfe – das ist die beste Unterstützung. Wenn wir dafür sorgen, dass Kinder eine Schulausbildung bekommen und einen Beruf

… in Indien und …

Schülerinnen aus einem der vielen Schulprojekte, die wir in Indien dauerhaft fördern.

HOFFNUNG GEBEN – ZUKUNFT LEBEN

Daniel und Isolde Müller übergeben einem Jerusalemer Kindergarten neue Spielgeräte.

Im Sozialzentrum „Kehilat Ha Carmel" wird bedürftigen Israelis und Arabern geholfen .

…Israel.

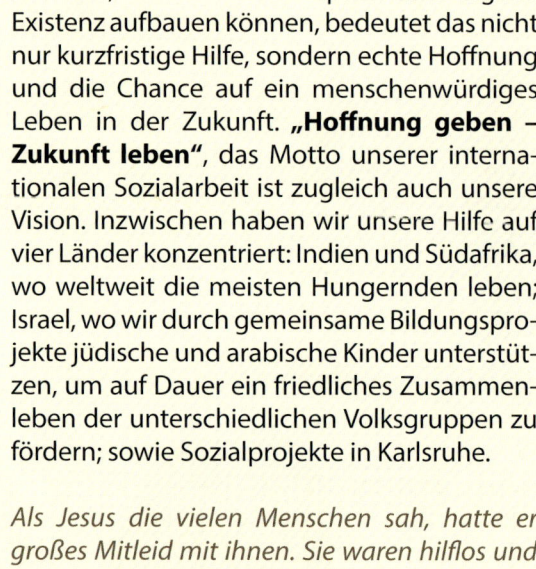

erlernen, sodass sie sich später eine eigene Existenz aufbauen können, bedeutet das nicht nur kurzfristige Hilfe, sondern echte Hoffnung und die Chance auf ein menschenwürdiges Leben in der Zukunft. **„Hoffnung geben – Zukunft leben"**, das Motto unserer internationalen Sozialarbeit ist zugleich auch unsere Vision. Inzwischen haben wir unsere Hilfe auf vier Länder konzentriert: Indien und Südafrika, wo weltweit die meisten Hungernden leben; Israel, wo wir durch gemeinsame Bildungsprojekte jüdische und arabische Kinder unterstützen, um auf Dauer ein friedliches Zusammenleben der unterschiedlichen Volksgruppen zu fördern; sowie Sozialprojekte in Karlsruhe.

Als Jesus die vielen Menschen sah, hatte er großes Mitleid mit ihnen. Sie waren hilflos und verängstigt… Matthäus 9,36

Willst du mir helfen?

UNSERE PROJEKTE IN

INDIEN
Schulen/Blindenschule
Krankenhaus
Essensprogramm
Patenschaften
Dorfkliniken

AFRIKA
Heim für Aidswaisen
Kindertagesstätten
Essensprogramm
Berufsausbildung
Medizinische Grundversorgung

ISRAEL
Kindertagesstätten
Essensprogramm
Sozial- und Drogenzentrum

DEUTSCHLAND
Essensprogramm
Hilfe für phsych. kranke Kinder
Einsätze in Altenwohnheimen

Unterstützen Sie uns
mit Ihren Spenden.
Spendenkonto Stiftung
Missionswerk Karlsruhe:
Sparkasse Karlsruhe
IBAN: DE4666 0501 0101 0803 2897
SWIFT: KARSDE66

Wir dürfen unsere Augen nicht vor den Nöten unserer Mitmenschen verschließen, sondern wir sind aufgefordert, hinzuschauen und etwas zu tun. **Lassen auch Sie sich inspirieren anderen zu helfen.**

WEITERE INFORMATIONEN UNTER:
WWW.MISSIONSWERK.DE

96